AF525676

MANISH ARORA
Fotografien von Grégoire Kalt

INDIEN VEGETARISCH

We are family

Die kulinarischen Schätze der indischen Küche

Bibliografische Information der Deutschen Nationalbibliothek
Die Deutsche Nationalbibliothek verzeichnet diese Publikation in der Deutschen Nationalbibliografie. Detaillierte bibliografische Daten sind im Internet über http://dnb.d-nb.de abrufbar.

Für Fragen und Anregungen
info@rivaverlag.de

Wichtiger Hinweis
Ausschließlich zum Zweck der besseren Lesbarkeit wurde auf eine genderspezifische Schreibweise sowie eine Mehrfachbezeichnung verzichtet. Alle personenbezogenen Bezeichnungen sind somit geschlechtsneutral zu verstehen.

1. Auflage 2022

Türkenstraße 89
80799 München
Tel.: 089 651285-0
Fax: 089 652096

Die französische Originalausgabe erschien 2021 bei First Edition, ein Imprint von Edi8, unter dem Titel *We are family*.

Übersetzung: Wiebke Krabbe
Redaktion: Caroline Kazianka
Umschlaggestaltung: Amélie du Petit Thouars; Sonja Vallant
Abbildungen: Grégoire Kalt
Satz: inpunkt[w]o, Haiger (www.inpunktwo.de)
Druck: Firmengruppe APPL, aprinta Druck, Wemding
Printed in Germany

ISBN Print 978-3-7423-2122-0
ISBN E-Book (PDF) 978-3-7453-1896-8
ISBN E-Book (EPUB, Mobi) 978-3-7453-1897-5

STATT EINES VORWORTS

Lieber Manish,

das Vorwort für ein Kochbuch zu schreiben, ist nicht gerade meine Stärke, auch wenn du der Autor bist.

Ich koche nicht, klassische Rezeptsammlungen können mir die Lust am Essen verderben, und wenn sich bei einem Abendessen das Gespräch nur um das dreht, was auf dem Teller liegt, dann schalte ich auf Durchzug. Ein einziges Mal hatte ich mit einem Kochbuch zu tun, weil ein Freund von mir geplant hatte, ihm in Anlehnung an ein Rezept für rohe Nieren von Alexandre Dumas einen entsprechenden Titel zu geben. Wenn ich mich recht erinnere, gefiel mir die reduzierte Aufmachung, und der Autor war angetan von meinem Vorschlag, es mit Bildern von Gemüseschalen, schmutzigen Tellerstapeln und Mülltüten zu illustrieren. Das Buch wurde nie veröffentlicht.

Auf der anderen Seite esse ich sehr gern bei anderen, vor allem bei dir. Aber das will ich jetzt nicht weiter ausführen, weil es all dem widersprechen würde, was ich gerade gesagt habe. Darum möchte ich die Abendessen bei dir mit nur vier Worten auf den Punkt bringen: schön, gut, fröhlich, großzügig.

Mit lieben Grüßen

Sophie Calle

PS: Du hast für einige Tage die Versorgung meiner Katze Milou übernommen und mich quasi als »Lohn« dafür gebeten, einen kurzen Einleitungstext für dein Buch zu schreiben. Ich hoffe, ich habe deine Erwartungen erfüllt, und bitte nun wiederum dich im Gegenzug darum, dich in Zukunft mit Kritik an meinen Outfits zurückzuhalten.

INHALT

FESTLICHES

EINLEITUNG

Die Küche meiner Heimat

Angefangen hat alles im Jahr 2020, als ich mich im Lockdown einsam fühlte. Jahrelang war ich durch die Welt gereist, und nun war ich von allen, die ich liebte, abgeschnitten. Doch in meinen Gedanken war ich bei meiner Familie, der Küche meines Landes und den Festtagsgerichten meiner Kindheit. Zum ersten Mal in meinem Leben legte ich eine berufliche Pause ein und widmete meine Zeit anderen Dingen als der Mode. Damals wusste ich es noch nicht, aber diese Unterbrechung sollte sich in eine lange und erholsame Phase verwandeln, in der ich dank der Küche meines Heimatlandes Indien zu meinen Ursprüngen zurückfand.

Meine Familie stammt aus dem Punjab, einer Region im Norden Indiens. Dort hat das Essen in der lokalen Kultur einen sehr hohen Stellenwert. Es ist Teil unserer Identität und Thema der alltäglichen Gespräche. Wie die Franzosen überlegen die Punjabi schon beim Mittagessen, was es zum Abendessen geben wird. Es ist ein unerschöpfliches Thema, das uns über alle Entfernungen hinweg verbindet.

Familiensinn

So kam es, dass ich mich während der Lockdowns öfter mit meiner Mutter und meinen Tanten über die Gerichte meiner Kindheit unterhielt, die ich in meiner Küche in Frankreich nachkochte. Wir tauschten jede Menge Ideen und Rezepte aus, die ich ausprobieren, perfektionieren oder einfach so kochen wollte, wie ich sie als Kind gegessen hatte. Es war, als hätte ich ein Zauberkästchen geöffnet, das mich wieder in meine Jugend und meine indische Kultur reisen ließ. Das waren sehr emotionale und schöne Momente. Es begann mit Rezepten, doch dann sprachen wir über viel mehr als nur über das Essen. Wir spürten eine Gemeinsamkeit, die durch meine jahrelange Arbeit im Ausland etwas verloren gegangen war. Während ich am Herd stand, fühlte ich mich wieder von all den Frauen umgeben, die ich als kleines Kind in der Küche gesehen hatte, während ich mit den anderen Kindern der Familie spielte. Das ist der Grund, warum in diesem Buch nur Frauen vorkommen. Sie sind untrennbar mit den Rezepten und Kindheitserinnerungen verbunden, die ich auf diesen Seiten wiederaufleben lasse.

Gerüche und Kindheitserinnerungen

Nach und nach wurde der Kreis der Familie immer größer. Mit einigen der Personen in diesem Buch hatte ich seit Jahren nicht mehr gesprochen, aber ich konnte mich noch gut daran erinnern, was wir als Kinder gegessen hatten, lange bevor ich Indien verlassen und meine Karriere begonnen hatte. All die Gerüche und Erinnerungen hatte ich in meinem Herzen und in meinem Geist bewahrt. Der erneute Kontakt mit all diesen Menschen, den *auntys*, *chachis*, *didis* und *bhabhis*, wie sie in Indien genannt werden, half mir, die Kindheitserinnerungen zu ordnen, die nach und nach meine Küche durchströmten wie der Duft von Senfkörnern, wenn man sie in einer Pfanne röstet.

Ich erinnere mich gut an die großen Familientreffen, die laut und lebhaft waren, und an die Kinder, die in einem Wald aus erwachsenen Beinen spielten. Die Männer, die Karten spielten und dabei etwas tranken, den Geruch von Zigaretten, der sich mit dem von Gewürzen vermischte. An das Knistern der Kreuzkümmelsamen in der Pfanne und das Klappern von Metallschüsseln. Diese Erinnerungen werde ich für immer in meinem Kopf behalten.

Die Küche des Punjab auf dem Prüfstand französischer Gaumen

Nach dem Lockdown beschloss ich, die Rezepte, die ich bis dahin quasi unter Ausschluss der Öffentlichkeit zubereitet hatte, meinen französischen Freunden zu präsentieren. Ich lud sie zum Essen zu mir nach Hause ein und beobachtete ihre Reaktionen auf die ihnen kaum bekannte Küche des Punjab. Die meisten waren überrascht, als sie die würzigen, aber niemals übermäßig scharfen Gerichte probierten. Viele Europäer glauben, die indische Küche sei grundsätzlich sehr scharf, aber das ist ein Irrtum. Ihr Geheimnis basiert auf einer Vielzahl von Gewürzen, von denen aber keines die anderen in den Hintergrund drängen oder den Gaumen verbrennen darf. Die Harmonie steht stets im Mittelpunkt. Die Gewürzkombinationen sollen den Charakter bestimmter Gerichte unterstreichen – manchmal auch mildern. Viele Speisen lassen sich schnell zubereiten, einige erfordern aber auch viel Aufmerksamkeit und Geduld. Vor allem aber bietet die indische Küche eine Vielfalt vegetarischer Gerichte, die in meiner Wahlheimat Frankreich nahezu unbekannt sind. Ich kenne keine andere Küche, die so viele verschiedene Texturen und Aromen liefert und dabei auf Fleisch verzichtet.

Die indische Küche ist in Frankreich noch wenig bekannt und im Gegensatz zu England und anderen Ländern definitiv unterrepräsentiert. Die Eröffnung eines Restaurants war daher für mich auch eine Möglichkeit, den Menschen die Speisen meiner Heimat näherzubringen und mit Vorurteilen aufzuräumen. Wir haben uns für eine authentische Speisekarte entschieden mit typischen Rezepten von den Straßen und Familientischen der Punjabi. Zucchini-Kefta, Kidneybohnen-Kebab und Gemüse mit überraschenden Texturen lassen so manchen Fleischesser vergessen, dass kein Fleisch auf unserer Speisekarte steht. Ein Buch über indische und vegetarische Hausmannskost zu schreiben, ist der Höhepunkt dieses Prozesses, der im Lockdown in meiner Wohnung begonnen hat. Ich freue mich sehr, dass ich mit den Mitgliedern meiner großen Familie diese umfang- und facettenreiche Sammlung vegetarischer Rezepte aus Indien zusammentragen konnte.

We are family

Schon der Entstehungsprozess des Buches war ein Vergnügen für mich und meine Lieben. Mit meiner Familie haben wir zunächst eine Chatgruppe eingerichtet, in der jeder seine Kommentare abgeben konnte. Die Rezepte kamen handgeschrieben in Hindi auf fleckigen, schlecht fotografierten Blättern zu mir. Manchmal wurde ein Gericht, dessen

Zubereitung zehn Stunden dauert, mit ganzen zehn Wörtern »erklärt«. Manche Tanten riefen mich während des Kochens an, um Änderungsvorschläge zu den Mengenangaben durchzugeben, oder auch nur, um kurz Hallo zu sagen. Es machte uns allen viel Freude, wieder öfter miteinander zu kommunizieren und sich fröhlich auszutauschen. Durch die Einbeziehung meiner Freunde und Familie ist es mir gelungen, eine enorme kulinarische Bandbreite abzudecken und ein nuancenreiches Bild der indischen Küche und meiner Familie zu zeichnen. Dank dieses Buches fühle ich mich vor allem den Frauen in meiner Familie sehr viel näher! Denn wir haben ja nicht nur die Rezepte geteilt, sondern auch Emotionen. So haben wir wieder zusammengefunden und sehr intensive Momente erlebt.

Dieses Buch ist ein Stück von mir

Auch von der Gestaltung her sagt dieses Buch genauso viel aus wie die Rezepte, die darin enthalten sind. Als Designer ist mein Stil das genaue Gegenteil von Minimalismus. Ich wurde schon oft gefragt, warum meine Kreationen so farbenfroh und formenreich sind. Als Antwort darauf vergleiche ich meine Arbeit gern mit einem Thali. Bei dieser Art von indischer Mahlzeit ist es wichtig, dass man von allem, was die Küche einer Familie oder einer Region ausmacht, etwas auf seinem Teller hat. Es ist nicht einfach nur ein Gericht, das man miteinander teilt, sondern eine Art Erkennungszeichen in den schönsten Farben, die ein Tisch bieten kann. Meine Einstellung zur Mode ist ähnlich: Ich möchte mit jeder Kollektion eine Vielfalt von Emotionen zum Ausdruck bringen. Auch beim Essen steht bei mir die Freude im Vordergrund, mit der ich mein Dal, Paneer, Raïta, Paratha oder meinen Reis verzehre.

In diesem Buch – in der optischen Aufmachung wie in den Rezepten – finden Sie viele Farben, Aromen und sehr intensive Emotionen, die ein großes harmonisches Ganzes ergeben. Für mich war es naheliegend, meine Welt auch auf den Fotos zum Ausdruck zu bringen. Denn ich möchte meine Leser an meinen Tisch einladen. Daher haben wir das Foto-Shooting in meiner Wohnung gemacht, und die Speisen habe ich in meiner eigenen Küche zubereitet. Die Gerichte, die ich hier präsentiere, sind so, als würde ich sie meinen Gästen servieren. Die Hintergründe, Stoffe, Teller und Utensilien sind alle von mir und stammen aus meinen Schränken. Auch die Personen, die auf den Bildern zu sehen sind, gehören zu meinem Freundeskreis. Nichts in diesem Buch ist einfach erfunden. Ich habe im Grunde versucht, am Herd dasselbe zu tun, was ich normalerweise mit Stoffen und Schnitten tue, und habe dabei viel von mir selbst in dieses Projekt eingebracht. Und so ist beides geprägt von einer Handschrift – meinem Stil.

Das Buch entstand in einer Zeit, in der ich mich nach mehr Kontakt zu meiner Familie gesehnt habe. Sie ist der größte Schatz, den ich auf der Welt habe. Wenn ich an meine Mutter, meine Tanten und meine Freundinnen dachte, hatte ich immer den Refrain des Songs von Sister Sledge im Kopf. Den Wunsch nach mehr Zusammengehörigkeitsgefühl hatte ich schon bei meiner letzten Show als Designer gespürt, die Sehnsucht, dass wir alle zusammenkommen, um eine große gemeinsame Leidenschaft zu teilen. Und das ist eingetreten. Unsere Liebe zum Kochen hat den Zusammenhalt in meiner Familie neu gefestigt. »We are family!«

WE ARE FAMILY!

Die Familie beschränkt sich in Indien nicht nur auf die Blutsverwandtschaft. Sie wird vielmehr aus den Bindungen zwischen den Menschen gewebt. Im Hindi gibt es viele Wörter für Familienbeziehungen, so als würde schon allein die Sprache bewusst machen wollen, wie viele Arten von Beziehungen man im Laufe eines Lebens aufbauen kann. Darüber hinaus erfinden viele Familien eigene Begriffe, die nicht zum offiziellen Wortschatz gehören, um Beziehungen zu bezeichnen, die ihnen wichtig sind. Vor allem bei älteren Menschen hängt man beispielsweise gern den »Titel« an den Vornamen an. Wenn ich im folgenden Kapitel die Frauen vorstelle, die an diesem Buch mitgewirkt habe, gebe ich damit auch einen Einblick in die indische Art, ein Familiengeflecht zu knüpfen.

Mummy

Meine Mutter ist die ruhigste Frau in der Familie. Trotzdem ist sie eine starke Frau. Sie hat mich zum Beispiel mit 17 Jahren nach Delhi weggehen lassen, obwohl ich ein Einzelkind war, was in Indien eher ungewöhnlich war. In der Küche hat meine Mutter ein echtes Talent dafür, einfache Gerichte mit nur wenigen Zutaten lecker zuzubereiten. Alles, was sie kocht, hat einen einzigartigen und sehr ausgeprägten Geschmack. Von ihr habe ich die meisten Rezepte bekommen, die ich während des Lockdowns ausprobiert habe. Dadurch ist sie zu einer wahren Expertin für Videotelefonie geworden.

Satish Chachi

Satish ist einer der beiden Stars des Buches. Ihr Name wird Ihnen immer wieder begegnen. Sie ist die Person, die meine Familie zusammenhält. Sie ruft an, um Neuigkeiten zu erfahren und mitzuteilen, sie organisiert große Essen, zu denen sie alle Familienmitglieder einlädt, und achtet darauf, dass sich alle auch zwischendurch immer wieder mal sehen. Sie gehört zu den Frauen, die wie eine zweite Mutter für mich sind. Als ich mit diesem Projekt begann, war sie die Erste, die mir Rezepte schickte.

Nanni Aunty

Nanni ist die beste indische Köchin, die ich kenne. Vor langer Zeit leitete sie ein berühmtes Restaurant in Delhi. Als ich mit 17 Jahren dorthinkam, arbeitete sie nicht mehr dort. Also habe ich sie einfach besucht, um bei ihr zu essen, denn alles, was sie kocht, ist umwerfend gut. Wenn ich in Delhi Hausmannskost essen möchte, gehe ich zu ihr. Sie schafft es, aus dem, was sie gerade im Haus hat, neue Rezepte zu erfinden oder bestehende Rezepte kreativ abzuwandeln. Trotzdem schmeckt immer alles so, wie man es erwartet – nur eben mit ihrer persönlichen Note.

Fernanda Aunty

Fernanda ist die Mutter von Marielou. Um es kurz zu machen: Ich habe sie nie persönlich getroffen. Aber ich habe so viel von ihr und der unglaublichen Energie, die sie als 96-jährige Frau aufbringt, gehört, dass ich das Gefühl habe, sie schon lange zu kennen. Und auch durch das Nachkochen ihrer Rezepte, die Marielou mir gegeben hat, ist sie mir in gewisser Weise nähergekommen. Das gehört ebenfalls zu den schönen Seiten der Familienküche!

Kanta Aunty

Kanta baut leidenschaftlich gern ihr eigenes Gemüse an. In Indien kommt es eher selten vor, dass Menschen einen eigenen Garten haben, allein das macht Kanta schon zu etwas ganz Besonderem. Ich habe sie während meiner Studienzeit über ihre Tochter Payal kennengelernt. Kanta hat uns immer Snacks wie Papdi Chaat zubereitet. Ich habe sie extra angerufen und um das Rezept dafür gebeten, weil es mich an meine Studentenzeit und den Geschmack des Streetfood in Delhi erinnert.

Die fünf starken Frauen in meiner Familie: Mummy, Satish Chachi, Großmutter und zwei Tanten

Mein Geburtstag mit Minni und einigen anderen Cousinen

Meine Cousins und ich vor einer Fotowand. Wir tun so, als wären wir in Kashmir

Ich vor einem Bild der Göttin Durga, die auf einem Tiger reitet

Mein allererstes Telefon

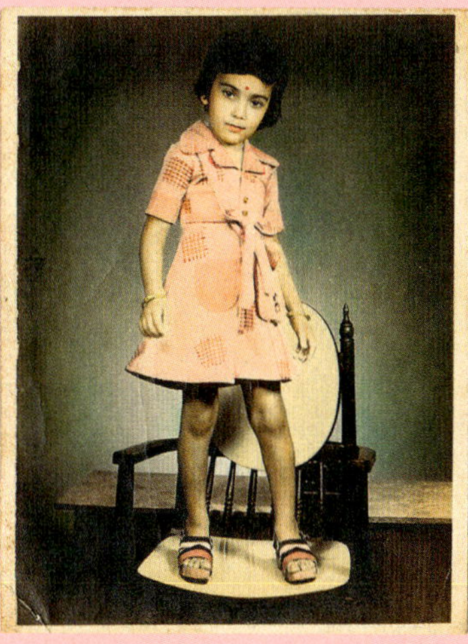

Der Tag, an dem meine Mutter mir ein Kleid von der Schwester meines Cousins anzog

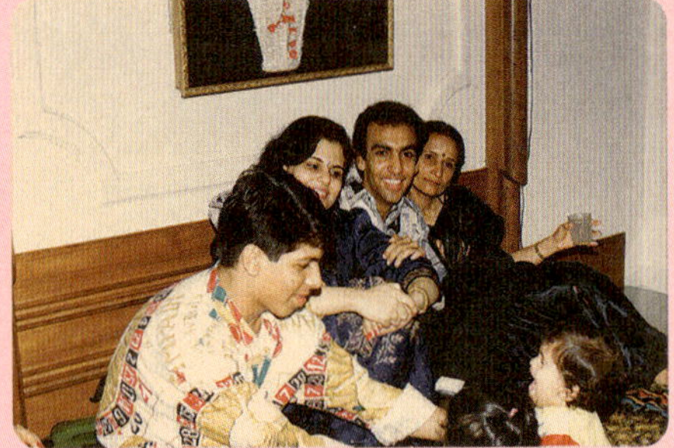

Mit Jyoti Babhi und anderen Familienmitgliedern beim Essen

Meine allererste Geburtstagsparty

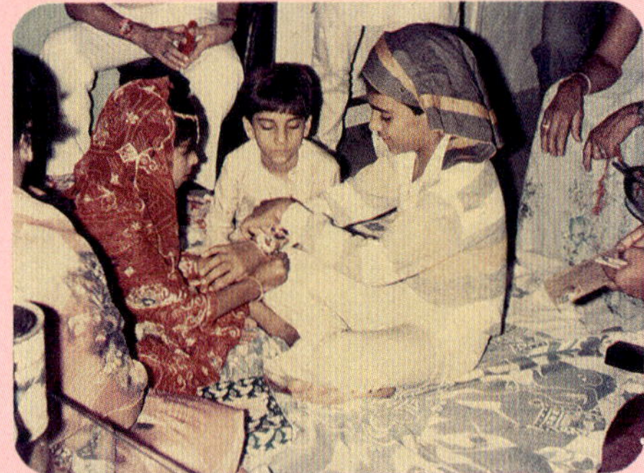

Minni legt mir ein Band (rakhi) um das Handgelenk.

... und noch ein Foto davon

Meine Tanten bei einem Mädelsabend

Mein Onkel mimt einen Bollywood-Star.

Rakhi-Fest mit Minni

Neelam Didi

Für Europäer mag es seltsam klingen, aber in Indien erklären wir immer sehr genau, in welcher familiären Beziehung wir zueinander stehen. Neelam ist zum Beispiel die Tochter der Schwester meines Vaters. Ich würde niemals einfach sagen, dass sie meine Cousine ist. Wir waren am Wochenende oft bei ihr und ihrer Familie. In ihrem Haus haben meine Onkel Karten gespielt und Zigaretten geraucht, während ich mit Minni gespielt habe. Diesen Geruch werde ich nie vergessen.

Shelly Didi

Shelly ist die Tochter des älteren Bruders meines Vaters. Da sie älter ist als ich, nenne ich sie Shelly Didi. Wir sind in den Sommerferien oft zu ihr nach Amritsar in Punjab gefahren. Meine ganze Familie stammt aus dieser Stadt, unser Zweig hat sich dann aber in Mumbai niedergelassen. Amritsar ist bekannt für seine Küche. Paneer und Rezepte, in denen Paneer verwendet wird, kommen von dort. Als Kind fand ich es toll, Shelly zu besuchen, denn das war für uns alle eine wunderbare Gelegenheit, um all die tollen Aromen der Küche dieser Stadt in Nordindien zu schnuppern.

Joyti Bhabhi

In Indien wird die Frau des älteren Bruders von den jüngeren Geschwistern als *bhabhi* bezeichnet. Sie hat in der traditionellen indischen Familie eine wichtige Rolle inne. Joyti füllt diese sehr gut aus. Sie liebt es, andere zu bekochen und zu mästen. Sie kam zwar durch eine Heirat in meine Familie, aber mir scheint, als wäre sie schon immer da gewesen. Ich habe sie während des Schreibens dieses Buches sehr oft angerufen. Wenn jemand Hilfe braucht, ist sie da.

Roma Bhabhi

Roma ist in meinem Alter. Sie ist mit dem Sohn des Bruders meines Vaters verheiratet, aber da ich ein Einzelkind bin, nenne ich sie auch *bhabhi*. Nach ihrer Heirat habe ich sofort einen guten Draht zu ihr gefunden. Sie ist eine sehr ruhige Person und wunderbar großzügig. Die Familie steht für sie an erster Stelle. In der Küche experimentiert sie gern und probiert auch Rezepte aus anderen Ländern aus. Das ist in Indien nicht so häufig der Fall. Meine Eltern können zum Beispiel nur indische Gerichte kochen. Roma ist eine der ersten Menschen in meinem Umfeld gewesen, die sich anderen Geschmäckern gegenüber aufgeschlossen gezeigt haben.

Alka Mami

In Hindi bedeutet mami »die Frau des Bruders meiner Mutter«. Alka kommt aus Kaschmir, einer Region, in der sich die Küche und die verwendeten Zutaten sehr von den Gepflogenheiten im Rest des Landes unterscheiden. Sie hat zu diesem Buch einige Rezepte beigesteuert, die nicht zur traditionellen indischen Küche gehören. Lotusstängel zum Beispiel sind eine beliebte Spezialität in der Küche Kaschmirs. Ich kann von Glück reden, dass Alka mich in ihre Geheimnisse eingeweiht hat.

Minni

Ich war zwar ein Einzelkind, habe aber meine gesamte Kindheit mit Minni verbracht. Meine Eltern wohnten im selben Gebäude wie die beiden Brüder meines Vaters. Wir waren eine sehr große Familie mit Kindern in allen Altersgruppen. Minni ist nur drei Jahre jünger als ich, daher stehen wir uns sehr nahe. Mit ihr spielte ich in Neelams Küche, während meine Mutter und ihre Mutter Satish gemeinsam kochten.

Marielou

Marielou war in Indien ein bekanntes Topmodel, und auch ich kenne sie schon seit Jahren. Mit diesem Projekt hat sich unsere Freundschaft jedoch noch einmal vertieft. Da meine ganze Familie vegetarisch isst, brauchte ich eine vertrauenswürdige Person, die in der Lage war, Fleischgerichte für unser Pop-up-Restaurant »Holy Holi« zu kochen. Die Zusammenarbeit mit Marielou lief so gut, dass ich nie wieder jemand anderen in meiner Küche haben wollte. Auch die Arbeit an diesem Projekt, begleitet von unserer Hindi-Disco-Playlist, war eine echte Freude.

Noyna

Noyna habe ich zu Beginn meiner Karriere als Designer kennengelernt. Sie war damals eines der bekanntesten indischen Supermodels. Sie hat sofort an mich geglaubt und ist mir treu geblieben. Sie folgte mir sogar nach London zu meiner ersten Modenschau in Europa. Noyna stammt aus einer Familie in Westbengalen, dem Staat der Philosophen. Viele der indischen Intellektuellen kommen aus dieser Region. Sie hat Beispiele für die schmackhafte Küche Ostbengalens beigesteuert, etwa Baingan Dahi und Chote Aloo.

Bhawna

Bhawna kommt wie ich aus dem Punjab. Wir gehören der gleichen Punjabi-Kaste an. Wir beide lieben Bollywood-Filme und -Songs und haben auch den gleichen Sinn für Humor. Sie ist eine quirlige Person mit einer herrlichen Energie. Es macht großen Spaß, mit ihr zu kochen.

Apu

Apu ist die Tochter von Nanni Aunty. Sie kocht genauso gut wie ihre Mutter. Ihr richtiger Name ist Aparna, aber alle nennen sie Apu. In Indien haben wir ein spezielles Fest, das Rakhi, bei dem die Verbindung zweier Menschen, meist Geschwister, gefeiert wird. Die Bindung wird durch ein kleines Band symbolisiert, das die Schwester am Handgelenk ihres Bruders befestigt. Es steht für die Verbundenheit und die Zuneigung, die man einander entgegenbringt. Es ist auch eine Art zu sagen: »Danke, dass du mich beschützt und dich um mich kümmerst.« Da ich ein Einzelkind bin, feiere ich es mit Apu, die mir so nahesteht wie eine Schwester.

Koel

Koel ist eine sehr ungeduldige und energiegeladene Person. Ihre Rezepte sind wie sie: einfach, schnell und verspielt. Sie ist ein ehemaliges Topmodel, dem ich immer noch sehr nahestehe. Ich habe sogar ihr Hochzeitskleid entworfen. Sie hat die schlimmsten Rezepte für dieses Buch beigesteuert. Nicht, dass sie nicht gut gewesen wären, ganz im Gegenteil, aber ich habe sie einfach nicht verstanden. Sie weiß das genau und findet es lustig. Bei einem Rezept hat sie an den Rand geschrieben: »Ruf mich an, damit ich deine Verwirrung noch vergrößern kann.« Wenn ich daran denke, muss ich immer noch lachen.

Harmeet

Harmeet war eine meiner Lehrerinnen in Delhi. Ich habe viel von ihr gelernt. Am Ende meines Studiums war sie es, die meine erste Modenschau veranstaltet hat. Seitdem sind wir immer in Kontakt geblieben. Auch sie kommt wie meine Familie aus dem Punjab. Im Gegensatz zu mir ist Harmeet jedoch eine Sikh. Eine Zeit lang bin ich um 5 Uhr morgens aufgestanden, um mit ihr zum Sikh-Tempel zu gehen. Sie hat zu diesem Buch einige Rezepte aus ihrer Religionsgemeinschaft beigesteuert.

Vidyun

Vidyun ist eine gebildete und sehr intelligente Person. Wenn ich mich verloren fühle, weiß ich, dass ich sie anrufen kann. Ihr Rat ist immer wertvoll. Sie kommt aus Rajasthan, einem großen Staat an der Grenze zum Punjab. Vidyun isst gern Fleisch, kann aber auch ausgezeichnete vegetarische Rezepte zubereiten. Sie ist der Beleg dafür, dass das kein Widerspruch sein muss.

An diesem Tag haben Bhavani und Chubby im Studentenwohnheim für mich gekocht.

Hier haben sie mich in Goa im Sand eingegraben.

Aperitif mit Payal im Studentenwohnheim

Urlaub in Goa mit Payal, Chubby und Bhavani

Mit Bhawna auf der Gay-Pride-Parade in Paris

Marielou versucht, mich mit einer Gabel zu erstechen.

Usha bei mir zu Hause in einem meiner Entwürfe

Fahrradtour mit Payal in Goa

Am Strand mit Payal, Chubby und Bhavani

Abendessen bei Catherine

Madhvi

Madhvi ist so etwas wie mein Lebenscoach. Wir haben uns über gemeinsame Freunde in einer Phase kennengelernt, in der ich meine Arbeit und mein Leben stark hinterfragt habe. Sie hat mir geholfen, mich neu zu fokussieren und manches weniger kompliziert zu sehen. Das tut sie auch heute noch gelegentlich.

Payal

Payal und ich haben uns während des Studiums in Delhi kennengelernt. Sie war eine der besten Studentinnen, während ich nicht sonderlich gut war. Da sie regelmäßig die Kurse besucht hat, konnte ich prima anhand ihrer Mitschriften lernen. Gemeinsam waren wir oft bei ihrer Mutter Kanta, die immer eine Kleinigkeit zu essen vorbereitet hatte. Payal hat das Samosa-Rezept von ihrer Mutter zu diesem Buch beigesteuert.

Priya

Priya hat mich finanziell unterstützt, als ich meine erste Modenschau auf die Beine stellen wollte. Sie ist Unternehmerin und hat mich immer gut beraten. Außerdem hat sie mich beauftragt, in einem ihrer Hotels einen Raum zu gestalten. Aber wir haben nicht nur eine geschäftliche Beziehung. Sie ist so ein Mensch, mit dem ich in Goa eine ganze Nacht durchtanzen könnte. Und sie trägt meistens Kleider, die ich entworfen habe.

Chubby[1]

Wie Payal war auch Chubby Studentin an der gleichen Schule für Modedesign wie ich. Durch sie habe ich die Stadt Delhi richtig gut kennengelernt. Ihr Spitzname täuscht, denn sie ist ein Energiebündel und läuft Marathon. Den Spitznamen bekam sie von ihrer Mutter, die ich auch sehr gut kenne. Während des Studiums hat sie sich oft um Chubby und mich gekümmert, und wenn ich Heimweh hatte, bin ich zu ihr gefahren. Das war für mich eine Art zweites Zuhause.

Usha

Usha lebt in Paris. Wir kennen uns schon sehr lange. Sie kommt aus Assam, einem Bundesstaat im Nordosten Indiens. Sie kann ich schon ganz in der Früh anrufen, denn ich weiß, dass sie sehr zeitig aufsteht wie ich. Ihre Rezepte sind manchmal etwas außergewöhnlich. Sie behauptet, das läge an ihrer Herkunft, aber ich weiß, dass das nicht stimmt ... Trotzdem schmecken ihre Kefta unglaublich lecker.

Malini

Malini ist Yogalehrerin und wird »Mâ« Malini genannt. Dieser Begriff, den man in etwa mit Guru übersetzen könnte, bezeichnet sehr spirituelle Menschen, die andere für ihr Leben anleiten können. Sie lebt in Goa und Rishikesh, einer Stadt, die sehr stark vom Glauben geprägt ist.

Catherine

Sie ist die erste wirkliche Freundin, die ich in Frankreich gefunden habe. Wir sind uns begegnet, als ich das erste Mal in Paris war. Ich musste in ihrer kleinen Wohnung unter dem Küchentisch schlafen. So hat unsere Freundschaft angefangen. Von ihr habe ich viele indische Rezepte für mein Buch bekommen. Manchmal scheint mir, dass sie mehr über Indien weiß als ich. Ich bin mir sicher, dass sie in einem früheren Leben Inderin gewesen ist.

Bhavani

Bhavani ist meine Seelenverwandte. In Delhi haben wir lange zusammengewohnt. Sie ist zwar in meinem Alter und meine Freundin, aber gleichzeitig auch wie eine Mutter für mich. Wann immer ich sie gebraucht habe, war sie für mich da. Als ich mit dem Kochen anfing, gab sie mir unheimlich viele wertvolle praktische Tipps, die ich daher auch in diesem Buch mit meinen Lesern teilen möchte (siehe Seite 18). Sie sind zudem ein Hinweis darauf, was für ein Mensch Bhavani ist.

1 dt. »mollig, pummelig«

BHAVANIS KÜCHENTIPPS

Tipp Nr. 1: Paneer
Paneer (siehe Seite 40) erst in heißem Salzwasser einweichen und danach in eine Sauce geben. So ist der Käse weicher und nimmt die Sauce besser auf.

Tipp Nr. 2: Grüne Erbsen
Frische Erbsen bleiben beim Kochen schön grün, wenn man eine Prise Zucker ins Kochwasser gibt.

Tipp Nr. 3: Dunkle Erbsen
Erbsen bekommen eine schöne dunkle Farbe, wenn man einen Beutel schwarzen Tee ins Kochwasser gibt.

Tipp Nr. 4: Gewürze leicht entfernen
Ganze Gewürze wie Kardamomsamen, Sternanis, Pimentkörner oder Gewürznelken in einen Gewürzbeutel füllen. Dann lassen sie sich vor dem Servieren leicht aus dem Gericht fischen.

Tipp Nr. 5: Das perfekte Dal
Einen Esslöffel Öl in das Kochwasser von Hülsenfrüchten geben, dann bildet sich kein Schaum und die Hülsenfrüchte platzen nicht so leicht auf.

Tipp Nr. 6: Oxidation verhindern
Auberginen und Kartoffeln gleich nach dem Schälen und Kleinschneiden in Wasser legen, damit sie sich nicht braun verfärben.

Tipp Nr. 7: Saucen mit Sahne verfeinern
Sahne gerinnt nicht so leicht, wenn man sie zuerst etwas aufschlägt, den Topf vom Herd nimmt und dann die Sahne unterrührt.

Tipp Nr. 8: Senfkörner
Senfkörner immer in heißem Öl anbraten, bis sie platzen. Nur dann geben sie ihren Geschmack an das Öl ab.

Tipp Nr. 9: Gewürze aufbewahren
Gewürze behalten ihr Aroma länger, wenn man sie in einem luftdicht verschlossenen Behälter an einem dunklen Platz lagert.

Tipp Nr. 10: Kochwasser für Reis
Reis bleibt blütenweiß, wenn man etwas Zitronensaft, Salz und Öl in das Kochwasser gibt.

Tipp Nr. 11: Bockshornkleesamen
Dal und Currys mit einem Teelöffel Bockshornkleesamen bestreuen, um Geschmack und Duft zu verstärken.

Tipp Nr. 12: Palak paneer
Für Palak paneer (siehe Seite 127) die Spinatblätter kurz in kochendem Wasser blanchieren, sofort in Eiswasser abschrecken und dann pürieren.

Tipp Nr. 13: Cremige Saucen
Indische Saucen werden cremiger, wenn man Cashewmus, Vollmilch oder stichfeste Sahne (z. B. Schmand) unterrührt.

Tipp Nr. 14: Currys
Currys am besten am Vortag zubereiten, denn aufgewärmt schmecken sie meist besser.

Tipp Nr. 15: Tomatensaucen
Tomatensaucen bekommen einen schönen Rotton, wenn man beim Erhitzen des Öls eine Prise Zucker zugibt. Außerdem gleicht der Zucker das Salz und die Säure der Tomaten aus.

Tipp Nr. 16: Gewürzmischungen (Masalas)
Wenn Gewürze am Topfboden ansetzen, einfach einen Löffel Öl zugeben.

Tipp Nr. 17: Pakora
Pakora werden knuspriger, wenn man neben Kichererbsenmehl noch etwas Maismehl für den Teig verwendet.

Tipp Nr. 18: Leichte Saucen
Zu üppige, dicke Saucen kann man einfach mit einem Glas heißem Wasser verdünnen.

Tipp Nr. 19: Tomatensaucen (2)
In Saucen aus frischen Tomaten immer etwas Tomatenmark einrühren. So werden sie sämiger und bekommen eine schöne Farbe.

Tipp Nr. 20: Zwiebeln
Die Farbe einer Sauce hängt davon ab, wie lange man die Zwiebeln andünstet. Je brauner sie sind, desto dunkler wird die Sauce.

Tipp Nr. 21: Genießen!
Am besten gelingt alles, wenn Sie entspannt und gut gelaunt in der Küche arbeiten und das Kochen genießen. Ein Löffel Ghee, den Sie am Ende der Garzeit einrühren, wertet jedes Gericht auf.

GLÜCK, FREUDE UND FESTLICHES

Drei Emotionen bilden die Grundlage all meiner Kreationen: Glück, Freude und das Gefühl der Erhabenheit in besonderen, festlichen Momenten. Sie sind das Leitmotiv, das sich durch mein gesamtes Werk zieht und das ich auch in meine Überlegungen zur indischen Küche einfließen lassen wollte. Sie unterstreichen die Schönheit des Lebens, die sich meiner Meinung nach nur offenbart, wenn diese Gefühle im Einklang sind. Nur dann kann eine Rezeptsammlung oder eine Mahlzeit unvergesslich werden.

Je nach Projekt ermöglichen mir diese Emotionen, ganz unterschiedliche Aspekte meines Themas zu beleuchten. Das gilt auch für die indische Küche mit ihrer Harmonie von Farben, Aromen und Konsistenzen. Mir war es ein Anliegen, die große kulinarische Tradition der indischen Familienküche zu würdigen und zugleich zeitgemäße Rezepte zu schaffen, mit denen ich die Herzen meiner Gäste berühren kann.

Die Gerichte im Kapitel »Glück« stehen für den einfachen, unmittelbaren Genuss. Sie sind leicht zuzubereiten und dennoch geschmacklich oft komplex. Ich glaube fest daran, dass Glück durch einfache und unmittelbare Dinge geweckt werden kann – den Geruch von frisch gemähtem Gras oder sauberen Laken, die zart nach Lavendel duften.

Das Gefühl der »Freude« liegt auf einer etwas anderen, höheren Ebene. Freude ist eine Emotion, die man mitbringt und teilt, die sich aber eher auf etwas Außergewöhnliches bezieht. In der Mode wäre das die Freude an einem schönen Kleid oder einer raffinierten Abendrobe, während ein gut geschnittenes T-Shirt für das einfache Glück steht. Die Freude bringt eine weitere Ebene ins Spiel: Zum persönlichen Glück kommt das anlässlich besonderer Ereignisse gemeinsam wahrgenommene hinzu. In diesem Sinn lässt Freude die Herzen der Welt im Einklang schlagen.

Die raffinierteren Gerichte im Kapitel »Festliches« sind für besondere Anlässe gedacht, etwa Familientreffen, Hochzeiten oder große Feste wie Divali oder Holi. Hier kommt zum einfachen Glück und zur gemeinsamen Freude noch die Erhabenheit des besonderen Moments hinzu. Diese Sichtweise der indischen Küche ist selbstverständlich auch durch die hinduistische Spiritualität beeinflusst, die ihren Teil zur indischen Esskultur beiträgt.

Nun liegt es an Ihnen, sich am Herd durch Aromen und Emotionen so auszudrücken, dass sich Ihre Gäste wie im Nirwana fühlen.

GLÜCK

MASALAS

In Indien ziehen Frauen mit großen Trommeln durch die Straßen, um ihre Dienste anzubieten, nämlich Masalas zuzubereiten. Sie erhalten dann Gewürze und zermahlen sie. Die Herstellungsweise ist im Grunde immer gleich, nur die verwendeten Gewürze ändern sich.

NANNI AUNTY'S SAMBAR MASALA

Sambar-Gewürzmischung nach Tante Nanni

15 g getrocknete rote Chilischoten (Kashmir-Chilis)
½ EL gemahlener Koriander
½ EL Kreuzkümmelsamen
½ EL Senfkörner
½ EL Bockshornkleesamen
½ EL schwarze Pfefferkörner
½ EL rote Linsen
1 Prise Asant

Die Samen aus den roten Chilischoten entfernen, um die Schärfe abzumildern.

Alle Zutaten in eine Schüssel geben und gut vermischen.

Die Gewürze in einer heißen Pfanne ohne Fett 2 Minuten rösten, bis sie zu duften beginnen.

Mischung in einen Mixer füllen und zu einem feinen Pulver zerkleinern. Die Gewürzmischung in einem luftdicht verschlossenen Gefäß an einem dunklen Platz aufbewahren.

SATISH CHACHI'S GARAM MASALA

Garam Masala nach Tante Satish

25 g Kreuzkümmelsamen
15 g schwarze Pfefferkörner
15 g Gewürznelken
5 g Kardamomsamen
5 g gemahlener Zimt
5 Lorbeerblätter

Alle Zutaten in einer Schüssel gut vermischen. Die Gewürzmischung in einer heißen Pfanne ohne Fett so lange rösten, bis sie zu duften beginnt.

Mischung in einen Mixer füllen und zu einem feinen Pulver zerkleinern. Die Gewürzmischung in einem luftdicht verschlossenen Gefäß an einem dunklen Platz aufbewahren.

SHELLY DIDI'S

DABELI MASALA

Dabeli-Gewürzmischung nach Cousine Shelly

10 Lorbeerblätter
5 g getrocknete rote Chilischoten (Kashmir-Chilis), entkernt
15 g Kreuzkümmelsamen
15 g Koriandersamen
15 g Fenchelsamen
10 g Kardamomsamen
5 g schwarze Pfefferkörner
5 g Ajowanfrüchte
5 g Gewürznelken
5 g frisch geriebene Muskatnuss
5 g Mangopulver
5 g schwarzes Salz
1 Prise Asant

Alle Gewürze in einer Schüssel gut vermischen. Die Gewürzmischung in einer heißen Pfanne ohne Fett so lange rösten, bis sie zu duften beginnt.

Mischung in einen Mixer füllen und zu einem feinen Pulver zerkleinern. Die Gewürzmischung in einem luftdicht verschlossenen Gefäß an einem dunklen Platz aufbewahren.

Tipp

Die Gewürzmischungen halten sich besser, wenn man kein Salz zugibt. An einem trockenen, dunklen Ort gelagert, bleibt ihr Aroma mindestens 1 Jahr erhalten.

दाबेली मसाला

NANNI AUNTY'S

PEANUT CHUTNEY

Erdnuss-Kokos-Chutney nach Tante Nanni

Ergibt 1 Glas
Vorbereitung: 15 Min.
Garzeit: 15 Min.
Wartezeit: 30 Min.

10 g frischer Ingwer
2 Knoblauchzehen
2 EL helle Sesamsamen
1 EL Kreuzkümmelsamen
250 g Kokosraspel
2 EL Sonnenblumenöl
250 g Erdnüsse
100 ml Wasser
Saft von 1 Limette
1 kleine grüne Chilischote ohne Stiel
Salz
1 TL Ghee
4 EL Tadka mit Curryblättern (siehe Seite 36)

Zum Garnieren
1 kleine rote Chilischote, gewaschen

Ingwer und Knoblauch schälen, hacken, in eine Schüssel geben und mit Sesam, Kreuzkümmel und Kokosraspeln mischen.

Das Sonnenblumenöl in einer Pfanne erhitzen, die Gewürz-Kokos-Mischung hineingeben und 5 Minuten bei schwacher Hitze garen.

In einer zweiten Pfanne ohne Fett die Erdnüsse bei starker Hitze 5 Minuten rösten.

Die gerösteten Erdnüsse zur Gewürz-Kokos-Mischung geben und weitere 2 Minuten mitgaren.

Dann Mischung in einen Mixer füllen. Wasser, Limettensaft und gewaschene grüne Chilischote zufügen und alles zu einer cremigen Paste pürieren. Mit Salz abschmecken. Wenn die Paste zu fest ist, etwas Wasser einarbeiten.

Das Ghee in einer Pfanne zerlassen. Die Paste 2 Minuten darin erhitzen, dann in eine Schüssel umfüllen und auf Zimmertemperatur abkühlen lassen. Tadka mit Curryblättern darüberträufeln und mit der roten Chilischote garnieren.

Tipp
Wer nicht so gern scharf isst, kann die Chilischote vor dem Pürieren entkernen. Das Chutney hält sich im Kühlschrank etwa 4 Tage.

मूंगफली की चटनी

Erdnuss-Kokos-Chutney nach Tante Nanni

Auberginenchutney nach Tante Nanni →

NANNI AUNTY'S

BRINJAL CHUTNEY

Auberginenchutney nach Tante Nanni

Ergibt 1 Glas
Vorbereitung: 5 Min.
Garzeit: 20 Min.
Wartezeit: 1 Std.

- 1 Aubergine
- 1 Tomate
- 100 ml Wasser
- 1 TL Tamarindenmark
- 100 g Kokosraspel
- 1 kleine grüne Chilischote ohne Stiel
- ½ EL Kreuzkümmelsamen
- 1 Prise Salz

Die Aubergine waschen, schälen und in Würfel schneiden. Die Tomate waschen und ebenfalls grob würfeln.

Auberginen- und Tomatenwürfel in einen Topf geben. 100 ml Wasser zufügen und Gemüse bei schwacher Hitze 10 Minuten köcheln lassen, bis es weich ist. Dabei immer wieder umrühren. Das Tamarindenmark unterrühren und alles weitere 2 Minuten köcheln lassen.

In der Zwischenzeit Kokosraspel, gewaschene Chilischote und Kreuzkümmel in einer Pfanne ohne Fett 5 Minuten rösten. Salzen, dann zum Gemüse in den Topf geben und bei schwacher Hitze 5 Minuten köcheln lassen.

Mischung 5 Minuten abkühlen lassen, dann in einen Mixer füllen und glatt pürieren. In eine Schüssel umfüllen, ganz abküheln lassen und im Kühlschrank aufbewahren. Chutney kalt servieren. Es hält sich im Kühlschrank etwa 1 Woche.

MARIELOU'S
GREEN CHUTNEY

Grünes Minze-Koriander-Chutney nach Marielou

Marielou hat dieses Rezept von ihrer Mutter. Die Mengen können Sie nach Bedarf anpassen, wichtig ist nur, dass das Verhältnis ausgewogen bleibt. Der Joghurt steuert etwas Säure bei und mildert die Schärfe der Chilischote ab. Dieses Chutney passt hervorragend zu Marielous Mungbohnenfladen (siehe Seite 95). Ein Genuss!

Ergibt 1 Glas
Vorbereitung: 5 Min.

1 Bund Koriander
1 Bund Minze
1 kleine grüne Chilischote
1 Knoblauchzehe
1 cm frischer Ingwer
1 TL Zucker
1 große Prise Salz
Saft von 1 Limette
2 EL Joghurt

Koriander und Minze waschen und die Blätter von den Stielen zupfen. Die grüne Chilischote waschen und den Stiel entfernen. Knoblauch und Ingwer schälen.

Koriander- und Minzeblätter, Chili, Knoblauch, Ingwer, Zucker, Salz, Limettensaft und 50 ml Wasser in einen Mixer geben und zu einer glatten Paste verarbeiten. In eine Schüssel umfüllen und den Joghurt untermischen. Gekühlt servieren.

Tipp
Das Chutney kann gut vorbereitet werden. Wenn es eine Zeitlang steht, entfalten sich die Aromen umso besser. Es hält sich im Kühlschrank etwa 1 Woche.

USHA'S

TOMATO CHUTNEY

Tomatenchutney nach Usha

Ushas Tomatenchutney ist eine Beilage, die zu absolut allem passt. Es hat einen einzigartigen Geschmack, ist würzig und scharf. Ich kann es zu jeder Tageszeit mit Chapatis essen. Davon sollte man immer ein Glas für den kleinen Hunger zwischendurch im Kühlschrank haben.

Ergibt 1 Glas
Vorbereitung: 5 Min.
Garzeit: 20 Min.

Für das Chutney
250 g Tomaten
2 rote Chilischoten
10 g frischer Ingwer
4 Datteln, entsteint
2 EL Senföl
1 EL Rosinen
Salz
1 EL Zucker
1 TL Mangopulver

Für das Masala
¼ TL Fenchelsamen
¼ TL Schwarzkümmelsamen
¼ TL Kreuzkümmelsamen
¼ TL Senfkörner
¼ TL Bockshornkleesamen

Die Tomaten waschen und in Würfel schneiden. Chilischoten waschen und die Stiele entfernen. Den Ingwer schälen und hacken. Die Datteln hacken.

Das Senföl in einem Topf auf hoher Stufe erhitzen. Dann die Temperatur reduzieren, die Zutaten für das Masala hinzufügen und 2 Minuten braten, bis sie zu duften beginnen.

Tomaten, Chili, Ingwer, Rosinen und Datteln zugeben. Salzen und Mischung 10 Minuten bei schwacher Hitze köcheln lassen, bis die Tomaten zerfallen sind.

Zucker und Mangopulver einrühren und weitere 5 Minuten unter häufigem Rühren köcheln lassen. Chutney eine Schüssel umfüllen und abkühlen lassen.

Tipp
Dieses Chutney hält sich im Kühlschrank etwa 4 Tage.

टमाटर की चटनी

NANNI AUNTY'S
IMLI CHUTNEY

Tamarindenchutney nach Tante Nanni

Wenn ich Tamarindenchutney sehe, muss ich immer an ein altes Lied denken: »Imli ka boota«. Es kommt in einer für Bollywood typischen Romeo-und-Julia-Geschichte vor. Im Lied wird der saure Geschmack der Tamarinde der Süße der Datteln gegenübergestellt. Genau so ist die indische Küche aufgebaut: Die verschiedenen Geschmäcker müssen ein harmonisches Ganzes ergeben. Auch das Tamarindenchutney muss einen perfekt ausgewogenen süßsauren Geschmack haben.

Ergibt 1 Glas
Vorbereitung: 2 Min.
Garzeit: 10 Min.
Wartezeit: 20 Min.

250 g Tamarindenmark
1 EL gemahlener Ingwer
1 EL Garam Masala nach Tante Satish (siehe Seite 25)
1 TL rotes Chilipulver
50 g Jaggery

Zum Garnieren
Granatapfelkerne

Das Tamarindenmark mit 300 ml Wasser in einen Topf geben, gut verrühren und 20 Minuten zur Seite stellen. Dabei immer wieder umrühren.

Nach der Ruhezeit die Mischung bei geringer Hitze erwärmen. Wenn die Mischung zu rauchen beginnt (nach ca. 3 Minuten), Topf vom Herd nehmen. Die Paste durch ein Sieb in einen zweiten Topf streichen, um gröbere Tamarindenstücke zu entfernen.

Ingwer, Garam Masala und Chilipulver einrühren und Masse unter ständigem Rühren 2 Minuten auf niedriger Stufe erhitzen.

Jaggery untermischen und alles unter langsamem Rühren 5 Minuten garen. Chutney in eine Schüssel umfüllen und abkühlen lassen. Vor dem Servieren mit Granatapfelkernen bestreuen.

Das Chutney hält sich im Kühlschrank etwa 1 Woche.

इमली की चटनी

TADKAS

Tadka kann nicht ins Deutsche übersetzt werden, ist aber ein wesentlicher Bestandteil der indischen Küche und Beleg dafür, wie wichtig darin die Gewürze sind. Die Gewürze werden dabei in Öl gebraten, sodass sie ihre Aromen voll entfalten können, bevor das Ganze über das jeweilige Gericht geträufeltwird, um ihm eine besondere Note zu verleihen. Hier folgen die beiden bekanntesten Tadkas, aber es gibt noch zahllose andere.

TADKA CURRY PATTA

Tadka mit Curryblättern

Für 4 Personen
Vorbereitung: 1 Min.
Garzeit: 1 Min.

2 EL Senföl
½ TL Asant
½ TL Senfkörner
10 Curryblätter

Das Senföl in einer kleinen Pfanne auf hoher Stufe erhitzen. Dann die Temperatur reduzieren. Asant, Senfkörner und Curryblätter ins heiße Öl geben und 1 Minute unter Rühren braten. Heiß über die Speisen träufeln.

GHEE TADKA

Tadka mit Ghee

Für 4 Personen
Vorbereitung: 1 Min.
Garzeit: 10 Min.

1 Tomate
½ kleine rote Zwiebel
1 TL rotes Chilipulver
1 EL Ghee
1 TL Kreuzkümmelsamen
¼ TL gemahlene Kurkuma

Die Tomate waschen und in kleine Würfel schneiden. Die Zwiebel schälen und in dünne Ringe schneiden. Das Chilipulver in einer Schüssel mit 1 EL Wasser zu einer Paste verrühren.

Das Ghee bei geringer Hitze in einer Pfanne zerlassen. Wenn es zu köcheln beginnt, den Kreuzkümmel zugeben und kurz anbraten. Zwiebel, Kurkuma und angerührte Chilipaste einrühren und 3–4 Minuten garen, bis die Zwiebel beginnt, braun zu werden. Dann die Tomaten zufügen und 5 Minuten mitgaren. Heiß auf die Speisen geben.

करी पत्ते का तडका

RAÏTAS

Wer die indische Küche zu scharf findet, sollte trotzdem keinesfalls die Chilischoten in den Rezepten einfach weglassen. Besser ist es, Raïtas als Beilage zu servieren, denn der Joghurt mildert die Schärfe ab. Aus demselben Grund werden zu indischen Gerichten gerne joghurthaltige Getränke wie Lassi serviert.

KOEL´S CUCUMBER RAÏTA

Gurken-Raïta nach Koel

Für 4 Personen
Vorbereitung: 5 Min.
Garzeit: 2 Min.

- 1 Salatgurke
- 300 g Joghurt
- 1 Prise Salz
- 1 TL Kreuzkümmelsamen
- 1 Prise rotes Chilipulver

Die Gurke waschen, ganz oder teilweise schälen und in kleine Würfel schneiden.

Den Joghurt in einer Schüssel mit 50 ml Wasser verrühren. Salzen und die Gurkenwürfel hinzufügen.

Den Kreuzkümmel in einer kleinen Pfanne ohne Fett bei geringer Hitze 2 Minuten rösten, dann die Körner in einem Mörser zu feinem Pulver zerstoßen.

Das Raïta mit Kreuzkümmel und rotem Chilipulver bestreuen.

खीरा रायता • बूंदी रायता

USHA'S

BOONDI RAÏTA

Boondi-Raïta nach Usha

Für 4 Personen
Vorbereitung: 5 Min.

1 Handvoll Korianderblätter
300 g Joghurt
1 Prise Salz
100 g Boondis
1 TL Grünes Minze-Koriander-Chutney nach Marielou (Seite 31)
1 TL Tamarindenchutney nach Tante Nanni (Seite 34)

Den Koriander waschen. Einige Blätter zum Garnieren zur Seite legen, die übrigen grob hacken.

Den Joghurt in einer Schüssel mit 50 ml Wasser und dem Salz gut verrühren. Eine kleine Handvoll Boondis zum Garnieren beiseite legen, die übrigen unter den Joghurt rühren.

Grünes Minze-Koriander-Chutney, den gehackten Koriander und Tamarindenchutney unterheben. Raïta dann mit den restlichen Korianderblättern und den Boondis garnieren.

Tipp
Boondis bekommen Sie in indischen Lebensmittelgeschäften.

GHAR KI

PANEER

Paneer nach Familienrezept

Paneer ist der einzige indische Käse, den ich kenne. Er gilt als Spezialität aus dem Punjab, ist einfach herzustellen und wird auch ohne Reifung relativ fest. Er kommt in einer Vielzahl von Gerichten vor, beispielweise Pfannengerührter Paneer nach Bhawna (siehe Seite 123), Frittierte Paneer-Stäbchen nach Tante Nanni (siehe Seite 65) oder Paneer mit jungen Erbsen nach meiner Mutter (siehe Seite 132). Vegetarier sollten unbedingt wissen, wie man ihn zubereitet.

Für 4 Personen
Vorbereitung: 10 Min.
Garzeit: 5 Min.
Wartezeit: 15 Min.

2 l Vollmilch
Saft von 1½ Limetten
1 l Wasser

Die Milch in einem Topf auf mittlerer Stufe erhitzen. Sobald sie zu kochen beginnt, die Temperatur reduzieren.

Den Limettensaft teelöffelweise unter die heiße Milch rühren. Topf vom Herd nehmen und weitere 5 Minuten rühren, bis die Mischung gerinnt. Wenn die Milch nicht gerinnt, etwas mehr Limettensaft zufügen.

Einen Durchschlag mit feinem Käseleinen auslegen und die geronnene Milch dadurch abgießen. Mit dem kalten Wasser spülen, um den Limettengeschmack zu beseitigen, dann den Rückstand im Sieb 1 Minute abtropfen lassen.

Das Käseleinen um die Feststoffe zusammenraffen und mit einem Gummiband fixieren. Der Käse muss sehr fest in den Stoff eingepackt sein, damit sich das Gewebemuster auf seiner Oberfläche abzeichnet. 15 Minuten stehen lassen.

Tipp

Paneer können Sie nach der 15-minütigen Ruhezeit gleich frisch mit Olivenöl, Pfeffer und Salz essen. Soll er für andere Gerichte verwendet werden, muss er 1 Stunde im Kühlschrank ruhen. Dadurch wird er fest und lässt sich in Scheiben schneiden.

पनीर

BHAWNA'S

JEERA MUTTER PULAO

Reis mit Erbsen und Kreuzkümmel nach Bhawna

Jeera mutter pulao bereite ich oft zu, weil es zu allen indischen Gerichten, aber auch zur westlichen Küche gut passt. Der einfache, geschmackvolle Klassiker wird überall in Indien geschätzt. Ich persönlich esse es besonders gern zu Dal und Raïta.

Für 4 Personen
Einweichzeit: 15 Min.
Vorbereitung: 10 Min.
Garzeit: 20 Min.

- 300 g Basmatireis
- 1 Zwiebel
- 1 EL Ghee
- 1 TL Kreuzkümmelsamen
- 5 Gewürznelken
- 1 Lorbeerblatt
- 1 Sternanis
- 1 Stange Zimt
- ½ TL schwarze Pfefferkörner
- 3 Kardamomkapseln
- 1 kleine grüne Chilischote, fein gehackt
- 1 TL Knoblauch-Ingwer-Paste
- 150 g junge Erbsen
- Salz
- 450 ml Wasser

Den Reis in ein Sieb geben, spülen und 15 Minuten in einer Schüssel mit Wasser einweichen. Die Zwiebel schälen und fein hacken.

Das Ghee in einem großen Topf bei starker Hitze zerlassen. Den Kreuzkümmel darin 2 Minuten braten. Die Temperatur reduzieren und die restlichen trockenen Gewürze hinzufügen. 2 Minuten braten, dann die Zwiebel zugeben und glasig dünsten. Anschließend die gehackte Chili und die Knoblauch-Ingwer-Paste einrühren und weitere 2 Minuten garen.

Den Reis durch ein Sieb abgießen und mit den Erbsen in den Topf geben. Salzen, das Wasser zugießen und den Deckel auf den Topf legen. Reis 15 Minuten köcheln lassen, dabei stets beaufsichtigen. Der Reis ist fertig, wenn er das Wasser vollständig aufgesogen hat. Sofort servieren.

Tipp
Knoblauch-Ingwer-Paste gibt es in indischen Lebensmittelgeschäften zu kaufen.
Reis sollte vor dem Kochen immer eingeweicht werden. Dadurch reduziert sich sein Stärkegehalt.

Dazu passt:
Goldenes Dal nach Catherine (siehe Seite 100)
Boondi-Raïta nach Usha (siehe Seite 39)

जीरा मटर पुलाव

APU'S

DHOKLA

Pikante Grießhappen nach Apu

Dhokla ist ein beliebtes Streetfood, das ursprünglich aus Gujrat stammt. Als ich mit meiner Familie in Mumbai lebte, hatten wir Nachbarn, die aus diesem Bundesstaat im Westen des Landes kamen. Als Kind habe ich sie oft besucht, um bei ihnen Dhokla zu essen. Ich liebe dieses Gericht, weil man es zu jeder Tageszeit genießen kann. Es schmeckt sehr gut mit dem Auberginenchutney nach Tante Nanni (siehe Seite 30) und dem Grünen Minze-Koriander-Chutney nach Marielou (siehe Seite 31). Ideal für den kleinen Hunger zwischendurch!

Für 4 Personen
Vorbereitung: 8 Min.
Garzeit: 27 Min.

250 g Sooji (oder sehr feiner Weizengrieß)
250 g Joghurt
1 Päckchen Backpulver
Saft von ½ Zitrone
1 EL Sonnenblumenöl
1 Prise Salz
4 EL Tadka mit Curryblättern (siehe Seite 36), extra scharf (2 Chilischoten mehr verwenden)

Sooji, Joghurt, Backpulver, Zitronensaft, Sonnenblumenöl und Salz in einer Schüssel vermischen. Eine eckige Metallform, die in einen großen Topf passt, mit Backpapier auslegen. Die Mischung in die Form füllen.

500 ml Wasser in dem großen Topf erhitzen. Die Metallform so in den Topf setzen, dass der Formboden das Wasser nicht berührt. Die Masse soll nicht im Wasser, sondern im Dampf gegart werden. Den Deckel auflegen und die Masse 10 Minuten garen. Topf vom Herd nehmen und Masse weitere 10 Minuten quellen lassen. Das Ganze kann auch in einem Dampfgarer zubereitet werden.

Die gegarte Grießmasse auf eine Platte geben und mit Tadka bedecken. In 5 cm große Stücke schneiden und heiß servieren.

ढोकला

MADHVI'S

POHA

Reisflockenspeise nach Madhvi

Für 4 Personen
Vorbereitung: 15 Min.
Garzeit: 25 Min.

250 g Poha (Reisflocken)
1 Kartoffel
1 kleine Handvoll Cashewkerne
1 kleine Handvoll Erdnüsse
Sonnenblumenöl
1 TL Senfkörner
15 Curryblätter
1 Zwiebel
1 kleine rote Chilischote
1 Prise gemahlene Kurkuma
1 Prise rotes Chilipulver
Salz
1 große Handvoll Korianderblätter

Zum Servieren:
Limettenschnitze (Bio)

Die Reisflocken in einem Sieb abspülen. Die Kartoffel waschen, schälen und in kleine Würfel schneiden. Dann in einen Topf mit kaltem Wasser geben, zum Kochen bringen und 10 Minuten garen. Die Kartoffelwürfel dürfen nicht ganz weich sein.

Cashewkerne und Erdnüsse in einer Pfanne ohne Fett 5 Minuten rösten.

In einer zweiten Pfanne 2 EL Sonnenblumenöl auf mittlerer Stufe erhitzen. Senfkörner und Curryblätter darin 2 Minuten braten.

Die Zwiebel schälen, fein hacken, zu den Gewürzen geben und in 3 Minuten glasig dünsten.

Die Chilischote waschen, entkernen und fein hacken, dann mit Kurkuma und Chilipulver in die Pfanne mit der Zwiebel geben und 2 Minuten mitbraten. 1 EL Sonnenblumenöl zufügen, dann die Kartoffeln untermischen und 2 Minuten garen.

Die Reisflocken in die Pfanne geben und 5 Minuten unter ständigem Rühren mitgaren. Die Nüsse untermischen. Mit Salz abschmecken.

Den Koriander waschen und hacken. Das Gericht mit gehacktem Koriander und Limettenschnitzen garniert servieren.

NOYNA'S

BAINGAN DAHI

Auberginen mit Joghurt nach Noyna

Es gibt sehr viele verschiedene Versionen dieses Gerichts. Dahi bedeutet »Joghurt« und Baingan »Aubergine«. Dieses einfache Rezept stammt aus dem ehemaligen Bengalen. Es ist angenehm leicht und eignet sich gut für heiße Sommertage.

Für 4 Personen
Vorbereitung: 10 Min.
Wartezeit: 10 Min.
Garzeit: 20 Min.

1 große Aubergine
Salz
2 TL gemahlene Kurkuma
Sonnenblumenöl
½ TL Senfkörner
1 rote Zwiebel, geschält, in Ringe geschnitten
1 Prise rotes Chilipulver
125 g Joghurt
½ TL Zucker

Die Aubergine waschen und in 1 cm dicke Scheiben schneiden. In eine große Schüssel legen und mit Salz und etwas Kurkuma bestreuen. 10 Minuten ruhen lassen.

3 EL Sonnenblumenöl auf mittlerer Stufe in einer Pfanne erhitzen. Die Auberginenscheiben darin portionsweise jeweils 5 Minuten braten, dabei regelmäßig wenden und bei Bedarf etwas mehr Öl in die Pfanne geben. Die Auberginen sollen nicht im Öl schwimmen, dürfen aber auch nicht trocken braten. Die fertig gebratenen Auberginenscheiben auf Küchenpapier abtropfen lassen.

Etwas Sonnenblumenöl in einer Pfanne erhitzen. Die Senfkörner hineingeben, dann die Zwiebel hinzufügen und 3–4 Minuten braten. Mit 1 Prise Kurkuma und rotem Chilipulver bestreuen.

Den Joghurt in einer Schüssel mit ½ TL Salz und dem Zucker verrühren. Auberginenscheiben auf einer Platte anrichten und Joghurt darübergießen. Zwiebelringe und Senfkörner darauf verteilen.

Dazu passt:
Pikante Gewürzkartoffeln nach Noyna (siehe Seite 110)
Spinat mit Paneer nach Catherine (siehe Seite 127)

बैंगन दही

NANNI AUNTY'S

ALOO TIKKI

Kartoffelplätzchen mit Erbsen nach Tante Nanni

Für 4 Personen
Vorbereitung: 20 Min.
Garzeit: 45 Min.

500 g Kartoffeln
Salz
2 TL Speisestärke
150 g junge Erbsen
10 g frischer Ingwer
1 kleine grüne Chilischote ohne Stiel
Sonnenblumenöl
½ TL Kreuzkümmelsamen
½ TL Mangopulver
1 TL rotes Chilipulver

Die Kartoffeln waschen, schälen und in einem Topf mit reichlich Salzwasser in 20 Minuten weich kochen. Das Wasser abgießen, Kartoffeln in eine Schüssel geben und fein stampfen. Speisestärke und etwas Salz untermischen, dann Masse mit den Händen 2 Minuten gut durchkneten.

Die Erbsen in einem Topf mit Salzwasser 5 Minuten garen, danach in ein Sieb abgießen.

Die Erbsen in eine Schüssel geben und mit einem Löffel grob zerdrücken.

Ingwer schälen, grüne Chilischote waschen und beides hacken.

1 EL Sonnenblumenöl in einem Topf erhitzen. Kreuzkümmel, Ingwer, Mangopulver, grüne Chilischote und Chilipulver zugeben und 2 Minuten braten. Dann die Erbsen hinzufügen und weitere 5 Minuten garen. Topf vom Herd nehmen und Mischung 5 Minuten abkühlen lassen.

Aus der Kartoffelmasse Kugeln von etwa Ø 5 cm formen. In jede Kugel eine Mulde in die Mitte drücken, jeweils 1 EL Erbsenfüllung hineingeben und mit der Kartoffelmasse ummanteln.

4 EL Sonnenblumenöl in einer Pfanne erhitzen. Die Kartoffelplätzchen darin portionsweise bei starker Hitze in 15 Minuten goldbraun braten, dabei alle 5 Minuten wenden.

Dazu passt:
Grünes Minze-Koriander-Chutney nach Marielou (siehe Seite 31)
Tamarindenchutney nach Tante Nanni (siehe Seite 34)

आलू टिक्की

JYOTI BHABHI'S

LAPETOO CHOLE

Kichererbsen mit Ghee nach Cousine Jyoti

Dies ist ein klassischer indischer Kichererbsensalat, der schnell zubereitet ist. Die Gewürze passen sehr gut zu den Hülsenfrüchten und machen sie auch leichter verdaulich. Mangopulver gibt diesem Gericht eine raffinierte Note. Wer Kichererbsen mag, für den ist dieser Salat eine wahre Delikatesse.

Vorbereitung: 5 Min.
Garzeit: 1 Std. 30 Min.
Einweichzeit: 1 Nacht

300 g Kichererbsen
Salz
10 g frischer Ingwer
1 große Handvoll Korianderblätter
4 EL Ghee
5 TL gemahlener Kreuzkümmel
5 TL gemahlener Koriander
½ TL rotes Chilipulver
5 TL Garam Masala nach Tante Satish (S. 25)
1 TL Mangopulver
½ TL Granatapfelkerne

Am Vortag die Kichererbsen in einer Schüssel mit Wasser einweichen.

Am Tag der Zubereitung die Kichererbsen in ein Sieb abgießen, dann in einem großen Topf mit kochendem Salzwasser etwa 1½ Stunden garen. Sie sollen noch nicht zerfallen, aber so weich sein, dass man sie mit den Händen zerdrücken könnte. In einem Sieb abtropfen lassen. Den Ingwer schälen und in feine Streifen schneiden. Den Koriander waschen und ebenfalls fein hacken.

Die Kichererbsen in eine Schüssel geben. Ghee, Kreuzkümmel, gemahlenen Koriander, Chilipulver, Garam Masala, Mangopulver, Granatapfelkerne und etwas Salz unterheben.

Mit gehacktem Koriander und Ingwer bestreut servieren.

Dazu passt:
Plätzchen mit Kartoffeln und Joghurt nach Tante Kanta (siehe Seite 88)
Gurkensalat nach Familienrezept (siehe Seite 60)

लपेटू छोले

KANTA AUNTY'S

KAJU CURRY PATTA

Cashewkerne mit Curryblättern nach Tante Kanta

Vorbereitung: 2 Min.
Garzeit: 6 Min.

1 kleine rote Chilischote
2 EL Senföl
1 TL Senfkörner
15 Curryblätter
200 g Cashewkerne
Salz

Die rote Chilischote waschen, entkernen und hacken. Das Senföl in einer Pfanne auf hoher Stufe erhitzen, dann Senfkörner, gehackte Chilischote und Curryblätter hinzugeben und 1 Minute braten. Die Cashewkerne zufügen, salzen und bei mittlerer Hitze 5 Minuten garen.

In eine Schüssel füllen, abkühlen lassen und zimmerwarm servieren.

MARIELOU'S

CHURA

Reisflocken mit Erdnüssen und Cashewkernen nach Marielou

Für 4 Personen
Vorbereitung: 2 Min.
Garzeit: 12 Min.

150 g Poha (Reisflocken)
50 g Erdnüsse
50 g Cashewkerne
2 EL Ghee
1 TL Senfkörner
1 Msp. Asant
20 Curryblätter
1 Prise rotes Chilipulver
1 Prise gemahlene Kurkuma
1 TL Zucker
1 große Prise Salz
50 g Rosinen

Die Reisflocken in einer Pfanne ohne Fett unter ständigem Rühren 5 Minuten rösten, bis sie hellbraun sind. Zur Seite stellen.

Die Pfanne mit Küchenpapier auswischen. Erdnüsse und Cashewkerne darin ohne Fett bei mittlerer Hitze 4 Minuten rösten. Herausnehmen und zur Seite stellen.

Das Ghee in der Pfanne zerlassen. Senfkörner, Asant, Curryblätter, Chilipulver, Kurkuma, Zucker und Salz zugeben und 1 Minute braten.

Den Herd abschalten. Reisflocken, Erdnüsse, Cashewkerne und Rosinen in die Pfanne zu den Gewürzen geben, gut umrühren und 1–2 Minuten in der warmen Pfanne stehen lassen, damit sich die Aromen entfalten.

In eine Schüssel füllen, abkühlen lassen.und zimmerwarm servieren.

APU'S

PEANUT MASALA

Pikante Erdnüsse nach Apu

Als ich ein Kind war, konnte ich riesige Mengen dieser Erdnüsse essen. Es gab sie an jeder Straßenecke zu kaufen, und noch heute zählen sie zu den beliebtesten Snacks. Meistens werden sie in spitzen Tüten aus Zeitungspapier verkauft. Zum Glück war Usha gerade aus Indien zurückgekehrt und hatte einige Dinge gekauft, die in indisches Zeitungspapier eingewickelt waren, als ich die Erdnüsse zubereitete und nach Zeitungen suchte, um sie wie in Indien zu servieren. So konnten wir die Nüsse stilecht auf den Tisch bringen.

Vorbereitung: 2 Min.
Garzeit: 6 Min.

2 EL Sonnenblumenöl
250 g Erdnüsse
1 Zwiebel
1 Tomate
2 kleine grüne Chilischoten
1 Prise Salz
¼ TL Mangopulver
Saft von ½ Limette
1 große Handvoll Korianderblätter

Das Sonnenblumenöl in einer großen Pfanne erhitzen. Die Erdnüsse darin 5 Minuten bei mittlerer Hitze rösten. Zur Seite stellen.

Die Zwiebel abziehen und fein hacken. Die Tomate waschen und in Würfel schneiden. Die grünen Chilischoten waschen, entkernen und fein hacken.

Zwiebel, Tomate, Chili, Salz, Mangopulver und Limettensaft in einer Schüssel verrühren. Den Koriander waschen und hacken.

Die Erdnüsse in die Schüssel geben und untermischen. Mit Koriander bestreuen und zimmerwarm servieren.

मसाला मूंगफली

FIXED EMI

CHUBBY'S
CRISPY BHINDI

Knusprige Okras nach Chubby

Knusprig frittierte Okras mag ich für mein Leben gern. Besonders liebe ich die knusprige Panade. Sie schmecken wunderbar zu würzigen Dals und erfrischenden Raitas.

Für 4 Personen
Vorbereitung: 15 Min.
Garzeit: 30 Min.

500 g Okras
60 g Kichererbsenmehl
1 TL rotes Chilipulver
2 TL Mangopulver
½ TL gemahlene Kurkuma
1 Prise Salz
300 ml Sonnenblumenöl
1 Prise Chaat Masala (Gewürzmischung)

Die Okras waschen und mit Küchenpapier sehr sorgfältig abtrocknen. Der Länge nach achteln. Den weißen Teil und die Kerne entfernen, die Kerne in einer Schüssel beiseite stellen.

Für die Panade Kichererbsenmehl, Chilipulver, Mangopulver, gemahlene Kurkuma und Salz in einer Schüssel vermischen.

Das Sonnenblumenöl in einer großen Pfanne auf hoher Stufe erhitzen. Die Okrastreifen in der Panade wälzen.

Okras im heißen Öl 7–10 Minuten frittieren, bis sie goldbraun sind. Dabei vorsichtig wenden, damit die Panade nicht abfällt.

Wenn alle Okras frittiert sind, die Kerne 1–2 Minuten im heißen Öl frittieren.

Die Okras mit den frittierten Kernen und dem Chaat Masala bestreut servieren.

Dazu passt:
Pikante Gewürzkartoffeln nach Noyna (siehe Seite 110)
Goldenes Dal nach Catherine (siehe Seite 100)

कुरकुरी भिंडी

PRIYA'S

COCONUT RICE

Kokosreis nach Priya

Für 4 Personen
Vorbereitung: 15 Min.
Garzeit: 20 Min.
Einweichzeit: 15 Min.

300 g Basmatireis
1 große Handvoll Cashewkerne
1 kleine grüne Chilischote
1 TL Ghee
2 TL Sonnenblumenöl
1 TL Senfkörner
2 TL Chana Dal (halbierte geschälte Kichererbsen)
2 getrocknete rote Chilischoten
1 Handvoll Curryblätter
200 g Kokosraspel
1 TL Asant
Salz

Den Reis dreimal waschen, dann 15 Minuten in einer Schüssel mit Wasser einweichen. Die Cashewkerne halbieren. Die grüne Chilischote waschen, entkernen und fein hacken.

Den Reis in der 1½-fachen Menge kochendem Salzwasser 10–12 Minuten garen. Durch ein Sieb abbgießen und in einem Topf warm halten.

Das Ghee in einer Pfanne bei mittlerer Hitze zerlassen. Die Cashewkerne darin 5 Minuten rösten. Aus der Pfanne nehmen und zur Seite stellen.

In derselben Pfanne das Sonnenblumenöl erhitzen. Senfkörner, Chana Dal und getrocknete Chilis darin bei schwacher Hitze 1 Minuten braten. Grüne Chili, Curryblätter und Kokosraspel zufügen und unter häufigem Rühren 2 Minuten mitbraten. Asant und Reis hinzufügen, salzen und vorsichtig umrühren, um die Reiskörner nicht zu zerbrechen.

Mit Cashewkernen bestreut zimmerwarm servieren.

GHAR KA KATCHUMBAR

Gurkensalat nach Familienrezept

Für 4 Personen
Vorbereitung: 10 Min.

1 große Gurke (oder 2 kleine)
1 Tomate
¼ rote Zwiebel
1 kleine grüne Chilischote
Saft von ½ Limette
1 Prise rotes Chilipulver
1 Prise Chaat Masala (Gewürzmischung)
1 Prise Salz

Die Gurke waschen, schälen und in kleine Würfel schneiden. Die Tomate waschen und ebenfalls in kleine Würfel schneiden. Die Zwiebel abziehen und fein hacken. Die grüne Chilischote waschen, entkernen und fein hacken.

Gurken- und Tomatenwürfel, Zwiebel, Chili und Limettensaft in einer Schüssel vermischen. Mit Chilipulver und Chaat Masala bestreuen. Salzen, nochmals mischen und gekühlt servieren.

APU'S

ALOO RAWA FRY

Bratkartoffeln mit Grieß nach Apu

Während ich diese Kartoffeln gerne als Beilage zu einem Gericht zubereite, werden sie in Indien vor allem als Vorspeise serviert. Man isst sie einfach pur und ohne Chutney. Die Panade mit Grieß ist wirklich ausgezeichnet, und Asant verleiht den Kartoffeln eine interessante Würze. Mir schmeckt dazu Ushas Tomatenchutney (siehe Seite 32) oder das Tamarindenchutney nach Tante Nanni (siehe Seite 34).

Für 4 Personen
Vorbereitung: 20 Min.
Garzeit: 20 Min.
Wartezeit: 15 Min.

3 große Kartoffeln
1 TL gemahlene Kurkuma
1 TL rotes Chilipulver
½ TL Asant
1 Knoblauchzehe
50 g Sooji (oder sehr feiner Weizengrieß)
100 ml Sonnenblumenöl

Zum Servieren:
Tamarindenchutney nach Tante Nanni (siehe Seite 34)
Grünes Minze-Koriander-Chutney nach Marielou (siehe Seite 31)

Die Kartoffeln waschen, schälen und in 5 mm dicke Scheiben schneiden. In eine Schüssel geben und mit Kurkuma, Chilipulver und Asant vermischen. Die Knoblauchzehe schälen, zu den Kartoffeln pressen und nochmals gut vermischen. Die Kartoffeln sollen ganz von den Gewürzen umhüllt sein. 15 Minuten zur Seite stellen.

Sooji auf einen Teller geben und die Kartoffelscheiben darin wenden.

Das Öl ein einer Pfanne auf hoher Stufe erhitzen. Einen Teil der Kartoffelscheiben hineingeben und bei mittlerer Hitze 10 Minuten braten, dabei zweimal wenden. Aus der Pfanne nehmen und auf Küchenpapier abtropfen lassen.

Die restlichen Kartoffelscheiben – je nach Größe der Pfanne eventuell in mehreren Portionen – ebenso braten.

Mit Tamarindenchutney (siehe Foto) oder Grünem Minze-Koriander-Chutney servieren.

आलू रवा प्राय

NANNI AUNTY'S

PANEER STICKS

Frittierte Paneer-Stäbchen nach Tante Nanni

Wie die Bratkartoffeln mit Grieß (siehe Seite 62) stammt auch dieser Snack aus dem Norden des Landes. Ich habe ihn durch Nanni kennengelernt und noch nie anderswo gesehen. Manchmal frage ich mich, ob sie das Rezept nicht selbst erfunden hat. Zuzutrauen wäre es ihr.

Für 4 Personen
Vorbereitung: 5 Min.
Garzeit: 35 Min.
Wartezeit: 30 Min.

1 kleine grüne Chilischote
150 g Paneer (siehe Seite 40)
500 ml Vollmilch
150 g Grieß
1 große Handvoll Korianderblätter
Salz
Sonnenblumenöl

Zum Servieren:
Grünes Minze-Koriander-Chutney nach Marielou (siehe Seite 31)

Die grüne Chilischote waschen, entkernen und hacken. Den Paneer fein reiben. Die Milch in einen Topf geben und 10–15 Minuten unter ständigem Rühren auf niedriger Stufe erhitzen, bis sie eindickt. Geriebenen Paneer, Grieß, Chili und gewaschene Korianderblätter hinzugeben. Salzen.

Den Boden einer Form dünn einölen. Die Masse in die Form gießen und 30 Minuten in den Kühlschrank stellen. Dann in Streifen von 3 cm Breite und 10–15 cm Länge schneiden. Die Streifen mit den Händen zu »Würsten« formen.

300 ml Sonnenblumenöl in einer Pfanne erhitzen. Die Käsestäbchen darin portionsweise in 5–10 Minuten rundum goldbraun frittieren. Auf Küchenpapier abtropfen lassen. Heiß mit dem Grünen Minze-Koriander-Chutney servieren.

पनीर की छड़ें

CHUBBY'S
SPROUT SALAD

Sprossensalat nach Chubby

Für 4 Personen
Vorbereitung: 20 Min.
Garzeit: 2 Min.
Einweichzeit: 12 Std.
Keimdauer: 3 Tage

200 g Moong Dal (halbierte, geschälte Mungbohnen), Chana Dal (halbierte geschälte Kichererbsen) und Lobia Dal (halbierte geschälte Schwarzaugenbohnen), gemischt
½ Salatgurke
1 kleine grüne Chilischote
¼ rote Paprikaschote
1 kleine Tomate
½ Zwiebel
1 TL gemahlener Kreuzkümmel
¼ TL gemahlener schwarzer Pfeffer
½ TL Chaat Masala (Gewürzmischung)
1 TL Senföl
Salz
Saft von ½ Limette
1 Handvoll Korianderblätter, gewaschen, gehackt

Die Hülsenfrüchte waschen, in eine große Schüssel geben und mit lauwarmem Wasser bedecken. 12 Stunden einweichen. Dann Hülsenfrüchte in ein Sieb abgießen, spülen, abtropfen lassen und wieder in die Schüssel geben. Mit einem feuchten Tuch abdecken. Die Hülsenfrüchte alle 8 Stunden erneut spülen und in der Schüssel mit dem feuchten Tuch bedecken. Nach 3 Tagen sollten sie keimen.

Nach 3 Tagen die gekeimten Hülsenfrüchte in einem Topf im Dampf in 2 Minuten bissfest garen.

Gurke, grüne Chili, rote Paprika und Tomate waschen, putzen und in kleine Würfel schneiden. Die Zwiebel schälen und fein hacken. Das Gemüse in eine Schüssel geben. Gekeimte Hülsenfrüchte, Kreuzkümmel, schwarzen Pfeffer, Chaat Masala, Senföl, 1 Prise Salz und Limettensaft zugeben und vermischen. Mit gehacktem Koriander bestreuen und kalt servieren.

Tipp
Für knackigen Biss können Sie noch Sev hinzufügen. Das sind knusprige Kichererbsennudeln, die mit Kurkuma, Chili und Ajowan gewürzt sind.

अंकुरित सलाद

VIDYUN'S

KHATA MEETA KADU

Süßsaurer Kürbis nach Vidyun

Für 4 Personen
Vorbereitung: 10 Min.
Garzeit: 20 Min.

2 kleine grüne Chilischoten
3 EL Sonnenblumenöl
¼ TL Kreuzkümmelsamen
¼ TL Bockshornkleesamen
¼ TL Fenchelsamen
¼ TL schwarze Sesamsamen
¼ TL Ajowanfrüchte
½ Hokkaidokürbis
½ TL rotes Chilipulver
½ TL gemahlener Koriander
½ TL gemahlene Kurkuma
1½ TL Salz
1 Prise Zucker
Saft von ½ Limette

1 grüne Chilischote waschen, entkernen und hacken. Sonnenblumenöl in einem Topf erhitzen. Kreuzkümmel, Bockshornklee, Fenchelsamen, Sesam, Ajowan und gehackte Chili darin bei mittlerer Hitze 3 Minuten braten.

Den Kürbis waschen, schälen, entkernen und in Würfel schneiden. Kürbiswürfel, Chilipulver, gemahlenen Koriander, gemahlene Kurkuma und Salz in den Topf geben und sorgfältig umrühren. 750 ml Wasser zugießen. Den Deckel auflegen und das Gemüse 10–15 Minuten köcheln lassen, bis der Kürbis weich ist.

Zucker und Limettensaft zugeben und vorsichtig umrühren. Die Mischung bei starker Hitze kochen lassen, damit das restliche Wasser verdampft und nur eine dickliche grüne Sauce übrig ist. Mit der restlichen grünen Chilischote garnieren und sofort servieren.

खट्टा मीठा कद्दू

NANNI AUNTY'S

DAL KHICHDI

Ayurvedisches Reis-Hülsenfrüchte-Gericht nach Tante Nanni

*Dieses Gericht wärmt wunderbar und ist ganz einfach zuzubereiten.
Wie alle Gerichte mit dem Namen »Khichdi« ist auch Dal Khichdi sehr gut für den Magen und wird gern kranken Menschen serviert. Als Kind habe ich manchmal so getan, als sei ich krank, damit meine Mutter es für mich kochte.*

Für 4 Personen
Vorbereitung: 5 Min.
Garzeit: 20 Min.
Einweichzeit: 20 Min.

200 g Basmatireis
100 g Moong Dal (halbierte geschälte Mungbohnen)
100 g Chana Dal (halbierte geschälte Kichererbsen)
1 TL gemahlene Kurkuma
1 Prise Salz
5 Stangen Zimt
4 Gewürznelken
2 EL Ghee
1 TL Kreuzkümmelsamen

Reis und Hülsenfrüchte dreimal waschen. Dann zusammen in eine Schüssel mit Wasser geben und 20 Minuten einweichen. In einem Sieb abtropfen lassen.

Hülsenfrüchte, Reis, gemahlene Kurkuma, Salz und 1 l Wasser in einen Topf geben. Zimtstangen und Gewürznelken zufügen, dann alles 20 Minuten köcheln lassen.

Das Ghee in einer Pfanne erhitzen. Den Kreuzkümmel darin 2 Minuten braten. Reis-Hülsenfrüchte-Gericht in eine Schüssel füllen und mit dem Kreuzkümmel bestreuen. Heiß servieren.

Tipp
Die Konsistenz lässt sich durch die Wassermenge verändern. Nimmt man 100 ml weniger, ähnelt das Gericht eher einem Pilaw. Mit 100 ml mehr wird das Ganze weicher und breiiger.

Dazu passt:
Gurken-Raïta nach Koel (siehe Seite 38)

दाल खिचड़ी

SHELLY DIDI'S

TAWE SABZE

Frittiertes Gemüse nach Cousine Shelly

Für 4 Personen
Vorbereitung: 20 Min.
Garzeit: 25 Min.

4 große Kartoffeln
250 g grüne Bohnen
2 kleine Auberginen
1 Karotte
8 Okras
6 Mairüben
Sonnenblumenöl
1 Zwiebel
1 Tomate
1 TL Kreuzkümmelsamen
1 Lorbeerblatt
1 TL Knoblauch-Ingwer-Paste
½ TL gemahlene Kurkuma
1 TL Dabeli-Gewürzmischung nach Cousine Shelly (siehe Seite 26)
Salz

Zum Servieren
Chapati nach Familienrezept (siehe Seite 168)

Die Kartoffeln waschen und in Spalten schneiden. Bohnen waschen und putzen. Auberginen, Karotte, Okras und Rüben putzen, waschen und in 10 cm lange Stäbchen schneiden. 100 ml Sonnenblumenöl in einer großen Pfanne erhitzen. Das Gemüse darin braten (es soll nicht ganz vom Öl bedeckt sein), dabei regelmäßig umrühren.

Die Zwiebel abziehen und hacken. Die Tomate waschen, würfeln und in einem Mixer pürieren.

1 EL Öl in einer beschichteten Pfanne erhitzen. Kreuzkümmel, Lorbeerblatt, gehackte Zwiebel, Knoblauch-Ingwer-Paste, gemahlene Kurkuma und Dabeli-Gewürzmischung zugeben und 1 Minute garen. Mit Salz abschmecken.

Die pürierte Tomate und das gebratene Gemüse in die Pfanne geben und weitere 2 Minuten unter gelegentlichem Rühren mitgaren. Mit Salz abschmeckenen. Heiß mit Chapatis servieren.

तवे सबजी

VIDYUN'S

TURNIP

Geschmorte Mairüben nach Vidyun

Ich esse die Geschmorten Mairüben nach Vidyun am liebsten mit den Auberginen und den Erbsen mit Paneer, wie meine Mutter sie zubereitet. Die Rüben haben eine süß-saure Note, die sehr gut mit dem Geschmack der Auberginen und der Süße der Erbsen harmoniert.

Für 4 Personen
Vorbereitung: 5 Min.
Garzeit: 20 Min.

5 Mairüben
10 g frischer Ingwer
1 EL Ghee
1 TL Kreuzkümmelsamen
1 TL Asant
½ TL gemahlene Kurkuma
1 Prise Salz
3 Tomaten
1 EL Jaggery
½ TL rotes Chilipulver
1 Handvoll Korianderblätter

Die Rüben waschen, schälen und in kleine Würfel schneiden. Den Ingwer schälen und hacken.

Ghee in einer Pfanne zerlassen. Den Kreuzkümmel darin 2 Minuten braten, bis er seine Farbe verändert. Asant und Ingwer zufügen und in 2 Minuten hell anbräunen.

Rüben, gemahlene Kurkuma und Salz zufügen und 2 Minuten garen. Temperatur auf geringe Hitze reduzieren und Rüben weitere 8–10 Minuten garen, bis sie gerade weich sind. Die Rüben mit einer Gabel grob zerdrücken.

Die Tomaten waschen und in kleine Würfel schneiden. Tomaten, Jaggery und Chilipulver zu den Rüben geben und alles bei schwacher Hitze 5 Minuten köcheln lassen. Mit gewaschenen Korianderblättern garnieren und sofort servieren.

Dazu passt:
Chapati nach Familienrezept (siehe Seite 168)
Gebratene Auberginen mit Gewürzen nach meiner Mutter (siehe Seite 84)
Paneer mit jungen Erbsen nach meiner Mutter (siehe Seite 132)

KITTY-PARTY

Die Karten und die Teekanne auf diesem Foto spielen auf die indischen Kitty-Partys an: Frauen treffen sich, um miteinander zu essen, Karten zu spielen und Gewürztee oder Rosenmilch zu trinken. In meiner Familie genossen die Frauen gern Chass, ein in Indien beliebtes Sommergetränk. Wir hatten immer einen großen Krug davon im Kühlschrank stehen. Im Winter bereiteten sie sich stattdessen einen wärmenden Haldi Doodh zu. Das ist ein Getränk, das man meist abends zu sich nimmt, weil es beim Einschlafen helfen soll. Seltsamerweise steht in indischen Filmen in der Hochzeitsnacht immer ein Glas Haldi Doodh am Ehebett bereit, denn das Schlafmittel soll auch Energie spenden. Den Rest des Jahres tranken meine Mutter und meine Tanten Masala-Tee. Bei den Kitty-Partys sammeln die Frauen auch oft Geld, um kleine Projekte zu finanzieren und sich gegenseitig zu unterstützen. Als ich noch ein Kind war, ging es aber hauptsächlich um die Geselligkeit und das Kartenspielen.

Die Getränke auf dem Foto:

Gelb: Goldene Milch mit Gewürzen nach Malini (siehe Seite 78)

Weiß: Gewürzter Joghurtdrink nach Tante Satish (siehe Seite 78)

Braun: Ayurvedisches Getränk nach Marielou (siehe Seite 79)

MALINI'S

HALDI DOODH

Goldene Milch mit Gewürzen nach Malini

Für 4 Personen
Vorbereitung: 10 Min.
Garzeit: 5 Min.

4 Gewürznelken
4 grüne Kardamomkapseln
6 schwarze Pfefferkörner
5 g frischer Ingwer
500 ml Milch
2 TL gemahlene Kurkuma
4 EL Honig

Gewürznelken, Kardamom und Pfeffer in einem Mörser fein zerstoßen. Den Ingwer schälen und fein hacken.

Die Milch mit den zerstoßenen Gewürzen, Kurkuma und Ingwer in einen Topf geben und zum Kochen bringen. 5 Minuten unter ständigem Rühren leicht köcheln lassen. Durch ein feines Sieb in eine Kanne gießen, um gröbere Gewürzstücke zu entfernen.

In jedes Glas 1 EL Honig träufeln und mit der aromatisierten Milch übergießen.

SATISH CHACHI'S

CHASS

Gewürzter Joghurtdrink nach Tante Satish

Für 4 Personen
Vorbereitung: 10 Min.
Garzeit: 2 Min.
Wartezeit: 1 Std.

1 TL Kreuzkümmelsamen
1 Knoblauchzehe
5 g frischer Ingwer
200 g griechischer Joghurt
1 TL getrocknete Minze
1 Prise gemahlener schwarzer Pfeffer
1 Prise Salz

Den Kreuzkümmel in einer heißen Pfanne ohne Fett 2 Minuten rösten, dann im Mörser zerstoßen. Zur Seite stellen. Knoblauch und Ingwer schälen und ebenfalls im Mörser zerdrücken.

Den Joghurt in einer Schüssel mit 400 ml Wasser verrühren.

Etwa ¾ des Kreuzkümmels, Knoblauch, Ingwer, Minze, Pfeffer und Salz zum Joghurt geben und 1 Minute mit einem Schneebesen aufschlagen. Danach 1 Stunde in den Kühlschrank stellen.

Drink durch ein feines Sieb in Gläser gießen, mit dem restlichen Kreuzkümmel bestreuen und servieren.

MARIELOU'S KADHA

Ayurvedisches Getränk nach Marielou

Kadha ist ein gesundes Getränk, da es Zimt, Ingwer, Sternanis, Gewürznelken und Fenchelsamen enthält. Außerdem wird in jede Tasse ein Löffel Honig gegeben. Es wirkt gegen Halsschmerzen, Erkältungen und Magenbeschwerden. Im Ayurveda geht man ja davon aus, dass bestimmte Lebensmittel den Körper unterstützen. Wenn ich mich krank fühle, bitte ich Marielou, mir dieses Getränk zuzubereiten. Es geht mir sofort besser, wenn ich sie und ein Glas Kadha bei mir habe.

Für 4 Personen
Vorbereitung: 5 Min.
Garzeit: 10 Min.

10 g frischer Ingwer
5 schwarze Pfefferkörner
1 Stange Zimt
1 Sternanis
4 Gewürznelken
4 Kardamomkapseln
¼ TL Fenchelsamen
4 TL Honig

Den Ingwer schälen, leicht zerdrücken und mit 1½ l Wasser in einen Topf geben.

Die Pfefferkörner zerstoßen und zufügen. Zimt, Sternanis, Gewürznelken, Kardamom und Fenchelsamen ebenfalls zugeben. Wasser zum Kochen bringen, dann bei geringer Hitze 10 Minuten köcheln lassen.

Flüssigkeit durch ein feines Sieb in Gläser abgießen und heiß servieren. Jede Portion mit 1 TL Honig süßen.

MADHVI'S

CHAI MASALA

Gewürzteemischung nach Madhvi

In Indien hat jede Familie ihr eigenes Rezept für Chai oder Gewürztee, und jede Familie ist überzeugt, dass ihr Rezept das beste ist. Dieser Tee wird zu jeder Tageszeit getrunken, ähnlich wie Kaffee in Europa. Es gibt sogar ein berühmtes Bollywood-Lied über diesen Tee, das »Shayad Meri Shaadi« heißt. Darin sagt eine Frau zu ihrem Freund: »Ich glaube, meine Eltern denken darüber nach, mich heiraten zu lassen. Ich denke, deshalb haben sie dich zum Tee eingeladen.« Das zeigt, wie wichtig Tee im indischen Alltag ist!

Für 4 Personen
Vorbereitung: 5 Min.
Garzeit: 5 Min.

2 TL Fenchelsamen
1 TL Kardamomkapseln
1 TL schwarze Pfefferkörner
1 TL gemahlener Ingwer
1 TL gemahlener Zimt
1 TL getrocknete Minze
1 TL getrocknete Salbei
2 Lorbeerblätter
1 l Wasser
4 TL schwarzer Tee
4 Stücke Zucker
250 ml Milch

Fenchelsamen, Kardamom, Pfeffer, Ingwer, Zimt, Minze, Salbei und Lorbeerblätter in einem Mixer zu einem feinen Pulver zerkleinern.

Das Wasser mit dem schwarzen Tee, dem Zucker und 4 EL der Gewürzmischung in einen Topf geben und erhitzen. Auf mittlerer Stufe 5 Minuten köcheln lassen, dabei vorsichtig umrühren.

Die Milch zufügen und wieder bis an den Siedepunkt erhitzen, dann den Herd ausschalten.

Das Getränk durch ein feines Sieb in eine Teekanne abgießen und heiß servieren.

Tipp
Die Mengen von Zucker und Milch können nach Geschmack verändert werden. Wandeln Sie das Rezept ruhig so ab, wie es Ihnen am besten schmeckt. Das machen schließlich auch die indischen Familien so.

चाय मसाला

FREUDE

MUMMY'S

BHARWA BAINGAN

Gebratene Auberginen mit Gewürzen nach meiner Mutter

Als ich klein war, mochte ich diese Auberginen nicht so gern, aber meine Mutter bestand darauf, dass ich alles aufaß. Also versteckte ich ein wenig davon unter meinem Teller ... Heute bin ich der Erste, der sich Nachschlag nimmt! Und hätte ich ein mäkelndes Kind am Tisch, würde ich wahrscheinlich die Reste von seinem Teller verputzen.

Für 4 Personen
Vorbereitung: 10 Min.
Wartezeit: 15 Min.
Garzeit: 20 Min.

1 TL gemahlene Kurkuma
1 TL rotes Chilipulver
2 TL gemahlener Koriander
1 TL Mangopulver
½ TL Garam Masala nach Tante Satish (siehe Seite 25)
4 EL Senföl
8 kleine Auberginen
½ TL Asant
1 TL Kreuzkümmelsamen
Salz

Kurkuma, Chilipulver, Koriander, Mangopulver und Garam Masala in einer Schüssel mit 2 EL Senföl zu einer Paste verrühren.

Die Auberginen waschen, der Länge nach dreimal tief einschneiden, aber nicht ganz durchschneiden. Die Gewürzpaste in die Einschnitte streichen, dann die Auberginen wieder zusammendrücken. 15 Minuten zur Seite stellen, damit die Auberginen das Aroma annehmen. Das restliche Senföl in einer Pfanne erhitzen und Asant sowie Kreuzkümmel darin 1 Minute rösten. Salzen.

Die Auberginen in die Pfanne legen und die Temperatur reduzieren. Einen Deckel auflegen und Gemüse bei mittlerer Hitze in etwa 15 Minuten weich garen, dabei alle 2–3 Minuten umrühren.

Tipp
Für dieses Rezept brauchen Sie unbedingt kleine Auberginen.

भरवा बैंगन

JOYTI BHABHI'S

SABUDANA KHICHDI

Tapiokaperlen nach Cousine Jyoti

Tapiokaperlen eignen sich bei manchen Gerichten gut als Alternative zu Kartoffeln oder Reis, wie hier in diesem Khichdi oder auch bei Aloo Tikki (siehe Seite 51). Man kann sie zu jeder Tageszeit essen, vom Frühstück bis zum Abendessen. Wenn mir der Sinn nach einem indischen Frühstück steht, mache ich Poha (siehe Seite 47), Dhokla (siehe Seite 44), Kadha Prasad (siehe Seite 146) oder diese Tapiokaperlen nach Cousine Joyti, die mit Raïta und einem Chutney serviert werden.

Für 4 Personen
Vorbereitung: 20 Min.
Garzeit: 30 Min.
Einweichzeit: 3–4 Std.

400 g Tapiokaperlen
2 Kartoffeln
Sonnenblumenöl
60 g Erdnüsse
1 grüne Chilischote
1 TL Kreuzkümmelsamen
15 Curryblätter
1 Prise Salz
1 Prise Zucker
Saft von ½ Limette

Zum Servieren
Raïta nach Wahl
(siehe Seite 38/39)

Die Tapiokaperlen zweimal unter fließendem Wasser waschen, dann 3–4 Stunden in einer Schüssel mit Wasser einweichen, bis sie weich zu werden beginnen.

Die Kartoffeln waschen, schälen und in kleine Würfel schneiden. In einer Pfanne etwas Öl auf hoher Stufe erhitzen und Kartoffeln darin 15 Minuten braten. Die Erdnüsse in einer zweiten Pfanne ohne Fett bei starker Hitze 5 Minuten rösten.

Die Tapiokaperlen in ein Sieb abgießen, abspülen, abtropfen lassen und vorsichtig mit den Fingern auflockern. Die grüne Chilischote waschen, entkernen und fein hacken. 5 EL Sonnenblumenöl in einer Pfanne erhitzen. Kreuzkümmel, Curryblätter und grüne Chilischote darin 1 Minute anbraten. Die Kartoffeln zugeben und in weiteren 5 Minuten hellbraun braten. Dann Salz, Zucker, Tapiokaperlen und Erdnüsse zufügen. Bei mittlerer Hitze unter ständigem Rühren 3 Minuten garen, bis die Tapiokaperlen durchsichtig werden.

Den Limettensaft einrühren. Sofort mit Raïta servieren.

Dazu passt:
Boondi-Raïta nach Usha (siehe Seite 39)
Grünes Minze-Koriander-Chutney nach Marielou (siehe Seite 31)

KANTA AUNTY'S

PAPDI CHAAT

Plätzchen mit Kartoffeln und Joghurt nach Tante Kanta

Für 4 Personen
Vorbereitung: 40 Min.
Garzeit: 1 Std. 40 Min.
Einweichzeit: 8 Std.
Wartezeit: 30 Min.

250 g Kichererbsen
Salz
3 Kartoffeln
2 TL Kreuzkümmelsamen
100 g Mehl plus mehr für die Arbeitsfläche
Sonnenblumenöl
10 g frischer Ingwer
1 kleine grüne Chilischote
1 Handvoll Korianderblätter
250 g Joghurt
2 EL Zucker
4 EL Tamarindenchutney nach Tante Nanni (siehe Seite 34)
1 TL gemahlener Kreuzkümmel
1 TL rotes Chilipulver

Die Kichererbsen 8 Stunden in einer Schüssel mit Wasser einweichen.

Am nächsten Tag die Kichererbsen in ein Sieb abgießen, mit reichlich Salzwasser in einen Topf geben und 1½ Stunden kochen. Sie sollen noch nicht zerfallen, aber so weich sein, dass man sie mit den Händen zerdrücken könnte. Durch ein Sieb abgießen und zur Seite stellen. In der Zwischenzeit die Kartoffeln waschen und in einem Topf mit reichlich Salzwasser 25 Minuten kochen. Herausnehmen und 5 Minuten abkühlen lassen. Die Kartoffeln pellen, mit den Händen grob zerdrücken und in eine Schüssel geben.

Den Kreuzkümmel in einer Pfanne ohne Fett rösten, dann im Mixer oder mit einem Mörser zu Pulver zerkleinern. Den Kreuzkümmel zu den Kartoffeln geben und beides mit den Händen gut vermengen. Salzen.

Das Mehl in einer großen Schüssel mit 2 EL Wasser, 1 großen Prise Salz und 2 EL Sonnenblumenöl verrühren. Den Teig mit der Hand zu einer Kugel formen und 30 Minuten ruhen lassen. Danach den Teig auf einer bemehlten Arbeitsfläche 1 mm dünn ausrollen. Mit einer Ausstechform Plätzchen ausstechen und diese mit einer Gabel mehrmals einstechen.

300 ml Sonnenblumenöl in einer Pfanne mit hohem Rand erhitzen. Die Plätzchen darin portionsweise frittieren: 3 Minuten braten, dann wenden und von der anderen Seite 1 Minute braten.

Den Ingwer schälen und hacken. Die grüne Chilischote waschen, entkernen und hacken. Den Koriander waschen und ebenfalls hacken. Joghurt und Zucker in eine Schüssel geben und 1 Minute mit einer Gabel durchrühren.

Etwa ¾ der Plätzchen auf eine Platte geben. Kichererbsen und Kartoffeln darauf verteilen. Den Joghurt, die restlichen Plätzchen und das Tamarindenchutney darübergeben. Mit gemahlenem Kreuzkümmel, Chilipulver, Ingwer, gehackter Chili, Korianderblättern und 1 Prise Salz bestreuen. Sofort servieren.

पापड़ी चाट

«Césaire
prodigieuse
faculté

MADHVI'S
KARELA CHIPS

Bittergurken-Chips nach Madhvi

Für 4 Personen
Vorbereitung: 10 Min.
Garzeit: 30 Min.
Wartezeit: 20 Min.

750 g Bittergurken (ca. 12 Stück)
1 EL Salz
1 TL gemahlene Kurkuma
150 ml Sonnenblumenöl
1 Prise Chaat Masala (Gewürzmischung)

Die Bittergurken waschen, gut abtrocknen und in 1 mm dünne Scheiben schneiden.

Salz und gemahlene Kurkuma in einer Schüssel verrühren. Die Bittergurkenscheiben damit vermischen, bis sie ganz von den Gewürzen umhüllt sind. 20 Minuten zur Seite stellen, damit sich der bittere Geschmack der Gurken verringert.

Das Öl in einer Pfanne erhitzen. Die Bittergurkenscheiben – je nach Größe der Pfanne eventuell portionsweise – unter Wenden 8–10 Minuten braten.

Die Bittergurkenscheiben aus der Pfanne nehmen und auf Küchenpapier abtropfen lassen. Mit Chaat Masala bestreuen und heiß servieren.

Tipp
Die Chips schmecken als Beilage oder Vorspeise, zum Beispiel mit einem Tomatenchutney (siehe Seite 32) oder dem Tamarindenchutney nach Tante Nanni (siehe Seite 34).

ALKA MAMI'S

CHILLED DAHI SANDWICH

Kaltes Joghurt-Sandwich nach Tante Alka

Ergibt 8 kleine Sandwiches
Vorbereitung: 10 Min.
Garzeit: 25 Min.
Wartezeit: 1 Std.

250 g Kartoffeln
2 Tomaten
1 kleine Salatgurke
1 TL gemahlener Kreuzkümmel
1 TL gemahlener schwarzer Pfeffer
8 Scheiben Kastenweißbrot
6 TL Tamarindenchutney nach Tante Nanni (siehe Seite 34)
6 TL Grünes Minze-Koriander-Chutney nach Marielou (siehe Seite 31)
500 g Joghurt
50 ml Wasser
1 Prise Salz

Die Kartoffeln waschen, schälen und in einem Topf mit reichlich Salzwasser 25 Minuten kochen. In der Zwischenzeit Tomaten und Gurke waschen und in kleine Würfel schneiden. Das Wasser von den Kartoffeln abgießen, die Kartoffeln in eine Schüssel geben und mit einer Gabel grob zerdrücken. Mit Tomaten und Gurke, gemahlenem Kreuzkümmel und schwarzem Pfeffer vermischen.

Während die Masse abkühlt, 4 Brotscheiben mit dem Tamarindenchutney bestreichen. Die restlichen 4 Brotscheiben mit dem Grünen Minze-Koriander-Chutney bestreichen. Von jedem Chutney 2 EL zum Garnieren übrig lassen.

Die Kartoffel-Gurken-Tomaten-Masse auf den mit Minze-Koriander-Chutney bestrichenen Brotscheiben verteilen und mit den restlichen Brotscheiben (mit Tamarindenchutney) bedecken.

Den Joghurt in einer Schüssel mit dem Wasser verrühren und salzen. Jedes Sandwich der Länge nach halbieren. Jede Hälfte mit dem Joghurt bestreichen und mit dem restlichen Chutney garnieren. Sandwiches in Frischhaltefolie wickeln und 1 Stunde in den Kühlschrank legen. Kalt servieren.

ठंडा दही सैंडिवच

MARIELOU'S CHILA

Mungbohnenfladen nach Marielou

Für 4 Personen
Vorbereitung: 10 Min.
Garzeit: 6–8 Min. pro Fladen
Einweichzeit: 6 Std.

200 g Mungbohnen
1 Tomate
1 grüne Chilischote
1 große Handvoll Korianderblätter
1 Zwiebel
1 Prise Asant
1 Prise gemahlener Kreuzkümmel
1 Prise Salz
1 EL Zitronensaft
Sonnenblumenöl

Zum Servieren
Raïta nach Wahl (siehe Seite 38/39)
Grünes Minze-Koriander-Chutney nach Marielou (siehe Seite 31)
Tamarindenchutney nach Tante Nanni (siehe Seite 34)

Die Mungbohnen in einem Sieb abspülen und 6 Stunden in einer Schüssel mit reichlich Wasser einweichen. Durch das Sieb abgießen und mit etwas Wasser im Mixer pürieren.

Tomate, Chilischote und Koriander waschen. Die Zwiebel abziehen. Zwiebel, Tomate, Chilischote und Koriander fein hacken, dann mit der Mungbohnen-Paste verrühren. Asant, Kreuzkümmel, Salz und Zitronensaft hinzufügen. Der Teig soll dickflüssig sein. Falls nötig, etwas Wasser unterrühren.

Etwas Sonnenblumenöl in einer Pfanne stark erhitzen, dann die Temperatur auf mittlere Hitze herunterschalten. Eine Suppenkelle Teig in die Mitte der Pfanne geben und wie Crêpeteig 1 mm dünn verstreichen.

Fladen 6–8 Minuten garen, bis beide Seiten schön gebräunt sind, dabei dreimal wenden. Vorgang wiederholen, bis der Teig aufgebraucht ist.

Mit Raïta oder Grünem Minze-Koriander-Chutney und Tamarindenchutney servieren.

Tipp
Sie können die Fladen während des Bratens mit einem Spatel etwas flach drücken, damit sie auch in der Mitte gut durchgaren.

चीला

SATISH CHACHI'S

PAV BHAJI

Gemüsepüree mit Toast nach Tante Satish

Für 4 Personen
Vorbereitung: 15 Min.
Garzeit: 35 Min.

100 g Kartoffeln
100 g junge Erbsen
100 g Weißkohl
100 g grüne Bohnen
200 g Tomaten
100 g Blumenkohl
2 Prisen Salz
1 rote Zwiebel
5 g Butter
10 g Knoblauch-Ingwer-Paste
1 kleine grüne Chilischote, ohne Stiel, gehackt
1 TL rotes Chilipulver
½ TL gemahlene Kurkuma
1 EL Dabeli-Gewürzmischung nach Cousine Shelly (siehe Seite 26)
Saft von 2 kleinen Limetten

Zum Servieren
8 Scheiben Toast mit Butter

Kartoffeln, junge Erbsen, Weißkohl, grüne Bohnen, Tomaten und Blumenkohl waschen und putzen. Die Kartoffeln schälen und in Würfel schneiden. Blumenkohl und Weißkohl in grobe Streifen schneiden. Die Tomaten würfeln. Kartoffeln, Blumenkohl und Weißkohl, junge Erbsen, grüne Bohnen, die Hälfte der Tomaten, 1 Glas Wasser und 1 Prise Salz in einen Topf geben. Abgedeckt bei mittlerer Hitze unter häufigem Rühren 20 Minuten köcheln lassen.

In der Zwischenzeit eine halbe Zwiebel abziehen und fein hacken. Die Butter in einer Pfanne zerlassen und die Zwiebel darin in 4 Minuten weich dünsten. Knoblauch-Ingwer-Paste, gehackte Chili und die restlichen Tomaten zugeben. Weitere 5 Minuten garen. Das restliche Salz, Chilipulver, gemahlene Kurkuma und Dabeli-Gewürzmischung einrühren und weitere 5 Minuten köcheln.

Das Gemüse in einen Mixer füllen und grob pürieren. In die Pfanne geben und den Limettensaft zufügen. Die restliche rote Zwiebel abziehen und hacken.

Den Toast rösten und mit Butter bestreichen. Das Gemüsepüree mit gehackter Zwiebel bestreuen und zum Toast servieren.

पाव भाजी

PAYAL'S
SAMOSA

Samosas nach Payal

Ergibt 20 Samosas
Vorbereitung: 30 Min.
Garzeit: 45 Min.
Wartezeit: 20 Min.

Für den Teig
500 g Mehl plus mehr für die Arbeitsfläche
1 TL Ajowanfrüchte
3 EL Sonnenblumenöl
250 ml Wasser

Für das Masala
2 EL Sonnenblumenöl
1 EL gemahlener Koriander
1 EL rotes Chilipulver
2 TL Garam Masala nach Tante Satish (siehe Seite 25)
1 Prise Salz

Für die Füllung
500 g Kartoffeln
150 g junge Erbsen
1 grüne Chilischote
10 g frischer Ingwer
2–3 EL Sonnenblumenöl
1 EL Koriandersamen
Sonnenblumenöl
Salz

Zum Servieren
Grünes Minze-Koriander-Chutney nach Marielou (siehe Seite 31)

Den Teig zubereiten
Mehl, Ajowan, Sonnenblumenöl und Wasser in eine Schüssel geben und 5 Minuten mit dem Handmixer zu einem glatten Teig verkneten. Abdecken und 20 Minuten ruhen lassen.

Das Masala zubereiten
Das Sonnenblumenöl in einem Topf stark erhitzen, dann die Temperatur reduzieren, gemahlenen Koriander, Chilipulver, Garam Masala und Salz zugeben und 1 Minuten rösten. In eine Schüssel umfüllen und 5 Minuten abkühlen lassen.

Die Füllung zubereiten
Die Kartoffeln waschen, schälen und in einem Topf mit reichlich Salzwasser 25 Minuten garen. Die Erbsen in einem zweiten Topf mit reichlich Salzwasser 5 Minuten garen, dann in ein Sieb abgießen. Die grüne Chilischote waschen, entkernen und fein hacken. Den Ingwer schälen und ebenfalls fein hacken. Die Kartoffeln auch abgießen.

Die Kartoffeln in eine große Schüssel geben und zerstampfen. Sonnenblumenöl, Koriander, Ingwer, grüne Chilischote, Masala und Erbsen zufügen und alles zu einer homogenen Masse verarbeiten.

Die Samosas zubereiten
Aus dem Teig kleine Kugeln formen und diese auf einer bemehlten Arbeitsfläche zu Ovalen ausrollen. Ein Oval in der Mitte durchschneiden. Die Teigoberfläche einer Hälfte leicht anfeuchten. Die gerundete Seite in die Handfläche legen, dann die beiden Zipfel über dem Daumen zusammenfalten, sodass eine Art Tasche entsteht. 1 EL Füllung in die Tasche geben. Die gerundete Kante anfeuchten und auf die Stelle umfalten, an der die beiden Zipfel zusammentreffen. Die Finger anfeuchten und die Teigränder fest zusammendrücken. Vorgang mit allen Ovalen wiederholen.

Die Samosas frittieren
200 ml Sonnenblumenöl auf hoher Stufe in einer Pfanne erhitzen. Alternativ das Fett in einer Fritteuse auf 180 °C erwärmen. Jeweils 10 Samosas im heißen Fett frittieren, dabei häufig wenden – aber vorsichtig, damit die Samosas nicht zerbrechen.

Heiß mit Grünem Minze-Koriander-Chutney nach Marielou servieren.

CATHERINE'S DAL

Goldenes Dal nach Catherine

Catherine ist die einzige Person in diesem Buch, die nicht in Indien geboren wurde. Aber wenn ich Sehnsucht nach indischem Essen habe, besuche ich sie. Denn ihr Dal ist wirklich überragend, so eines bekommt man in keinem Restaurant.

Für 4 Personen
Vorbereitung: 15 Min.
Garzeit: 50 Min.
Einweichzeit: 30 Min.

100 g Moong Dal (halbierte, geschälte Mungbohnen),
1 EL gemahlene Kurkuma
2 Gewürznelken
10 g Tamarindenmark
15 g frischer Ingwer
3 Knoblauchzehen
1 rote Zwiebel
1 kleine grüne Chilischote
3 Tomaten
1 EL Ghee
1 TL Asant
20 Curryblätter
1 EL Kreuzkümmelsamen
1 EL Senfkörner
1 getrocknete rote Chilischote
1 TL gemahlener Koriander
1 TL rotes Chilipulver
1 TL Garam Masala nach Tante Satish (siehe Seite 25)
1 Limette
1 Handvoll Korianderblätter
Salz

Die Moong Dal 30 Minuten in einer Schüssel mit Wasser einweichen, danach in ein Sieb abgießen und gründlich spülen. In einen Topf füllen und 45 ml Wasser, Kurkuma und Gewürznelken zufügen. Wenn das Wasser kocht, die Hitze reduzieren, den Deckel auflegen und Mungbohnen 45 Minuten garen.

In der Zwischenzeit das Tamarindenmark in einer Tasse mit lauwarmem Wasser einweichen.

Ingwer, Knoblauch und Zwiebel schälen und hacken. Die grüne Chilischote waschen, entkernen und hacken. Die Tomaten waschen und würfeln.

Das Ghee in einer Pfanne zerlassen. Asant, Curryblätter, Kreuzkümmel und Senfkörner darin unter Rühren 2 Minuten rösten. Wenn die Körner zu platzen beginnen, Knoblauch, gehackte grüne Chili, Zwiebel und Ingwer zugeben. Gut umrühren und die Hitze reduzieren. Die rote Chilischote im Ganzen zufügen und alles unter Rühren 1 Minuten köcheln lassen.

Wenn die Mischung anfängt, die Farbe zu verändern, gewürfelte Tomaten, gemahlenen Koriander und Chilipulver zufügen. Das eingeweichte Tamarindenmark durch ein Sieb abgießen, dabei die Flüssigkeit auffangen und beides in die Pfanne geben. Gut umrühren und einige Minuten köcheln lassen, bis die Tomaten zerfallen. 2 Kellen Kochflüssigkeit von den Mungbohnen und das Garam Masala zufügen und alles unter Rühren weitere 1–2 Minuten köcheln lassen.

Die Mungbohnen mit der Kochflüssigkeit in die Pfanne geben. Die Mischung ist relativ flüssig. Unter ständigem Rühren 5 Minuten köcheln lassen, damit die Flüssigkeit etwas einkocht. Die rote Chilischote herausfischen und das Gericht mit Salz abschmecken.

Die Limette auspressen und den Saft unterrühren. Das Dal mit frischen Korianderblättern bestreuen und servieren.

ROMA BHABHI'S

BAINGAN BHARTHA

Auberginenkaviar nach Cousine Roma

Für 4 Personen
Vorbereitung: 10 Min.
Garzeit: 60 Min.
Wartezeit: 2 Std.

1 Aubergine
3 Knoblauchzehen
Salz
Sonnenblumenöl
1 TL Kreuzkümmelsamen
1 Zwiebel
2 TL Knoblauch-Ingwer-Paste
1 kleine grüne Chilischote
1 Tomate
1 TL rotes Chilipulver
1 TL gemahlener Koriander
½ TL gemahlene Kurkuma
1 Handvoll Korianderblätter

Die Aubergine waschen, dann längs und kreuzweise einschneiden. Die Knoblauchzehen schälen und in die Einschnitte schieben. Etwas Salz in die Einschnitte streuen, dann die Aubergine mit Sonnenblumenöl bepinseln. 30 Minuten unter regelmäßigem Wenden über einer offenen Flamme eines Küchenbrenners oder im Ofen (siehe Tipp) weich garen. In Alufolie einwickeln und 2 Stunden ruhen lassen.

Etwas Sonnenblumenöl in einer Pfanne erhitzen. Den Kreuzkümmel darin 2 Minuten braten, bis die Körner platzen. Die Zwiebel abziehen und fein hacken. In die Pfanne geben und in 5 Minuten glasig dünsten. Grüne Chilischoten waschen, entkernen und hacken und mit der Knoblauch-Ingwer-Paste zufügen. Die Knoblauch-Ingwer-Paste und die gewaschene grüne Chilischote einrühren. Bei mittlerer Hitze 5 Minuten unter gelegentlichem Rühren köcheln lassen, bis die Mischung braun zu werden beginnt. Die Tomate waschen, in Würfel schneiden und ebenfalls zugeben. Salzen, dann mit Chilipulver, gemahlenem Koriander und Kurkuma bestreuen. Abgedeckt auf mittlerer Hitze weitere 5 Minuten garen, bis eine sämige Paste entsteht.

Die Haut von der Aubergine abziehen und das Fruchtfleisch in Würfel schneiden. In die Pfanne geben und alles abgedeckt weitere 5 Minuten garen. Mit gewaschenen Korianderblättern bestreuen und sofort servieren.

Tipp
Am liebsten gare ich Auberginen direkt über einer offenen Flamme. Alternativ kann man sie auch im Backofen zubereiten. Dazu am besten in eine Auflaufform aus Metall legen und diese auf ein Backblech stellen.

बैंगन भरता

HARMEET'S

DAHI WALE ALOO

Kartoffeln mit Joghurt nach Harmeet

Für 4 Personen
Vorbereitung: 15 Min.
Garzeit: 25 Min.

600 g Kartoffeln
10 g frischer Ingwer
1 kleine grüne Chilischote
1 EL Ghee
½ TL Kreuzkümmelsamen
1 TL gemahlener Koriander
1 Prise rotes Chilipulver
½ TL gemahlene Kurkuma
Salz
250 g Joghurt
einige Korianderblätter

Die Kartoffeln waschen und ungeschält in einem großen Topf mit Wasser 15 Minuten vorkochen. Sie werden später in der Sauce fertig gegart. Aus dem Topf nehmen, 5 Minuten abkühlen lassen, dann pellen. Die Kartoffeln mit den Händen in große, unregelmäßige Stücke zerdrücken. Zur Seite stellen.

Ingwer schälen, grüne Chilischote waschen, putzen und beides hacken. Das Ghee in einem Topf bei mittlerer Hitze zerlassen. Den Kreuzkümmel zugeben und 2 Minuten rösten. Ingwer und grüne Chilischote zufügen und 2 Minuten mitbraten, bis der Ingwer leicht gebräunt ist. Die Kartoffeln in den Topf geben und 1 Minute verrühren. Dann gemahlenen Koriander, Chilipulver, gemahlene Kurkuma und Salz zugeben.

Den Joghurt in einer Schüssel glatt rühren. Den Topf vom Herd nehmen, den Joghurt einrühren, bis die Kartoffeln ganz damit umhüllt sind. Topf wieder auf den Herd stellen und 200 ml Wasser zugießen. Zum Kochen bringen, dann die Temperatur reduzieren und Kartoffeln abgedeckt bei geringer Hitze 3–4 Minuten köcheln lassen. Mit gewaschenen Korianderblättern garnieren und servieren.

Tipp

Wer nicht gern scharf isst, kann die Kerne der grünen Chilischote entfernen. Dadurch behält das Gericht sein Aroma, ist aber nicht so feurig.

दही वाले आलू

SATISH CHACHI'S

GAJJAR MUTTER

Erbsen und Karotten nach Tante Satish

Dieses Gericht ist im Handumdrehen zubereitet. Die Kombination aus Erbsen und Karotten kennt man auch in Europa, doch hier bekommt sie durch Chili und Kreuzkümmel einen indischen Touch. Das Gericht passt perfekt zu Dal und einfachem Reis, kann aber auch mit vielen anderen indischen Speisen kombiniert werden.

Für 4 Personen
Vorbereitung: 10 Min.
Garzeit: 15 Min.

500 g Karotten
1 EL Sonnenblumenöl
1 TL Kreuzkümmelsamen
½ TL gemahlene Kurkuma
1 TL rotes Chilipulver
1 getrocknete rote Chilischote
250 g junge Erbsen
Salz
1 TL Mangopulver
½ TL Garam Masala nach Tante Satish (siehe Seite 25)
1 TL Zucker

Die Karotten waschen, putzen und in 3 mm dicke Scheiben schneiden. (Die Scheibenstärke ist für dieses Gericht wichtig!). Das Sonnenblumenöl auf niedriger Stufe in einer Pfanne erhitzen. Den Kreuzkümmel darin goldbraun braten, dann gemahlene Kurkuma, Chilipulver, getrocknete Chilischote, Erbsen und Karotten hinzufügen und bei geringer Hitze 10 Minuten garen, bis die Karotten gar, aber noch bissfest sind. Salzen, damit die Erbsen ihre Farbe behalten. Den Deckel halb auflegen, damit das Gemüse nicht zu weich wird.

Mangopulver, Garam Masala und Zucker einrühren und weitere 2 Minuten garen. Die rote Chilischote herausnehmen und das Gericht sofort servieren.

Dazu passt:
Goldenes Dal nach Catherine (siehe Seite 100)
Reis mit Erbsen und Kreuzkümmel nach Bhawna (siehe Seite 43)

गाजर मट्टर

MINNI'S

GOBI KEEMA

Gehackter Blumenkohl nach Minni

Für 4 Personen
Vorbereitung: 10 Min.
Garzeit: 40 Min.

300 g Blumenkohlröschen
1 rote Zwiebel
2 Tomaten
1 kleine Handvoll Korianderblätter
2 Knoblauchzehen
20 g frischer Ingwer
Pflanzenöl
1 TL Kreuzkümmelsamen
2 Lorbeerblätter
Salz
1 EL gemahlener Kreuzkümmel
1 EL gemahlener Koriander
1 TL Mangopulver
1 TL rotes Chilipulver
1 TL Garam Masala nach Tante Satish (siehe Seite 25)

Den Blumenkohl waschen, gut abtropfen lassen und in einem Mixer zu Reiskorngröße zerkleinern.

Die Zwiebel schälen und hacken. Die Tomaten waschen und in Würfel schneiden. Den Koriander waschen und die Hälfte hacken. Den Knoblauch und den Ingwer schälen und fein hacken.

1 EL Pflanzenöl in einem großen Topf auf mittlerer Stufe erhitzen. Den zerkleinerten Blumenkohl darin 5–7 Minuten unter ständigem Rühren garen, bis die austretende Flüssigkeit verdampft ist. In eine Schüssel umfüllen und zur Seite stellen.

2 EL Pflanzenöl in den Topf geben. Die Kreuzkümmelsamen und die Lorbeerblätter darin 2 Minuten rösten. Die Zwiebel zufügen und in 5 Minuten goldbraun braten.

Die Hälfte des Ingwers, Knoblauch und Salz in den Topf geben und 2 Minuten garen. Die Tomatenwürfel hinzufügen und 10 Minuten köcheln lassen, bis sie zerfallen. Gemahlenen Kreuzkümmel und gemahlenen Koriander, Mangopulver, Chilipulver, Garam Masala und gehackte Korianderblätter zugeben und 2 Minuten köcheln lassen.

Den Blumenkohl untermischen und 10–15 Minuten mitgaren, bis die Mischung gebräunt ist.

In eine Schüssel umfüllen, mit dem restlichen Koriandergrün und dem restlichen gehackten Ingwer bestreuen und servieren.

गोभी कीमा

NOYNA'S

CHOTE ALOO

Pikante Gewürzkartoffeln nach Noyna

Chote Aloo kann als Hauptspeise oder auch als Snack serviert werden. Es schmeckt sehr gut und ist einfach zuzubereiten, daher findet man es häufig auf indischen Esstischen. Ich esse es gern mit Grünem Minze-Koriander-Chutney nach Marielou (siehe Seite 31) und Tamarindenchutney nach Tante Nanni (siehe Seite 34).

Für 4 Personen
Vorbereitung: 10 Min.
Garzeit: 25 Min.

500 g kleine Kartoffeln
1 TL gemahlener Koriander
1 TL rotes Chilipulver
1 TL Garam Masala nach Tante Satish (siehe Seite 25)
½ TL gemahlene Kurkuma
1 TL Granatapfelkernpulver
2 TL Mangopulver
3 EL Sonnenblumenöl
2 TL Kreuzkümmelsamen
Salz
2 TL Ghee

Die Kartoffeln waschen und ungeschält in einem Topf mit reichlich Wasser 10 Minuten vorgaren. Sie sollen noch nicht ganz weich sein.

Gemahlenen Koriander, Chilipulver, Garam Masala, gemahlene Kurkuma, Granatapfelkernpulver und Mangopulver in einer Schüssel vermischen.

Das Sonnenblumenöl in einer Pfanne erhitzen. Die Kreuzkümmelsamen darin 2 Minuten rösten, dann die Gewürzmischung einrühren. Weitere 2 Minuten unter ständigem Rühren rösten, bis die Mischung braun wird. Salzen.

Die Kartoffeln durch ein Sieb abgießen und in die Pfanne geben. 10 Minuten unter häufigem Rühren braten, bis sie gar sind. Vom Herd nehmen und vor dem Servieren das Ghee einrühren.

छोटे आलू

SATISH CHACHI'S PAKORAS

Gemüse im Teigmantel nach Tante Satish

In Indien weiß jeder, wie man Pakora macht, und man kann sie an Ständen an jeder Straßenecke kaufen. Meine Tante Satish verwendet gern Blumenkohl und Spinat. Marielou, von der das Grüne Minze-Koriander-Chutney stammt, serviert dazu ein Zwiebelchutney. Im Grunde eignet sich jede beliebige Gemüseart, sogar grüne Chilis – die sind allerdings auch für einen indischen Gaumen sehr scharf.

Für 4 Personen
Vorbereitung: 15 Min.
Garzeit: 20 Min.
Wartezeit: 15 Min.

2 Kartoffeln
1 Zwiebel
1 grüne Chilischote
½ Blumenkohl (ca. 250 g)
225 g Kichererbsenmehl
100 ml Wasser
¼ TL rotes Chilipulver
10 g gehackte Korianderblätter
2 TL Knoblauch-Ingwer-Paste
1 Prise Salz
Pflanzenöl

Zum Servieren
Grünes Minze-Koriander-Chutney nach Marielou (siehe Seite 31)

Die Kartoffeln waschen und schälen. Zwiebel ebenfalls schälen und beides in 5 mm dünne Scheiben schneiden. Die grüne Chilischote waschen, entkernen und fein hacken. Den Blumenkohl in Röschen zerteilen und waschen.

Das Kichererbsenmehl in einer Schüssel mit dem Wasser zu einem relativ flüssigen Teig verrühren. Chilipulver, Koriander, Knoblauch-Ingwer-Paste, Salz und nach Belieben gehackten Chili (Achtung sehr scharf!) zugeben.

Den Teig auf 3 Schüssel verteilen. In eine den Blumenkohl geben, in die zweite die Kartoffeln und in die dritte die Zwiebeln. Das Gemüse mit der Hand mit dem Teig vermengen, bis es rundherum damit überzogen ist. Gemüse 15 Minuten ruhen lassen.

Ausreichend Öl in einer Pfanne stark erhitzen. Um zu testen, ob die Temperatur passt, 1 Tropfen Teig ins Öl fallen lassen. Er sollte sofort an die Oberfläche steigen, ohne zu verbrennen.

Wenn das Öl die richtige Temperatur hat, mit einem Esslöffel kleine Portionen des Gemüses ins Öl setzen und die Temperatur etwas reduzieren.

Das Gemüse etwa 5 Minuten frittieren, bis es goldbraun – aber nicht zu dunkel – ist. Aus dem Öl heben und auf Küchenpapier abtropfen lassen. Heiß mit Grünem Minze-Koriander-Chutney servieren.

पकोड़ा

KOEL'S

LEMON RICE

Limettenreis nach Koel

Dies ist eines der wenigen Gerichte aus dem Süden, die ich für mein Buch ausgewählt habe. Meine Familie hat es durch Nachbarn aus Kerala kennengelernt und war auf Anhieb begeistert. Da wir viel Reis essen, ist es toll, Variationsmöglichkeiten zu haben. Die Zubereitung ist ganz einfach, aber der Limettensaft gibt dem Ganzen wirklich Pfiff.

Für 4 Personen
Einweichzeit: 15 Min.
Vorbereitung: 5 Min.
Garzeit: 20 Min.

250 g Basmatireis
Salz
1 EL Ghee
1½ TL Senfkörner
1 TL Kreuzkümmelsamen
20 Curryblätter
Saft von 2 Limetten
1 TL rotes Chilipulver
1 TL gemahlener Kreuzkümmel
1 TL gemahlene Kurkuma

Den Reis dreimal waschen, dann in einer Schüssel mit reichlich Wasser 15 Minuten einweichen.

Den Reis in ein Sieb abgießen, mit dem 1½-fachen Volumen Salzwasser in einen Topf geben und 10–12 Minuten köcheln lassen. Durch ein Sieb abgießen und abkühlen lassen.

Das Ghee bei starker Hitze in einer Pfanne zerlassen. Senfkörner, Kreuzkümmelsamen und Curryblätter hinzugeben und 2 Minuten braten.

Limettensaft, Chilipulver, gemahlenen Kreuzkümmel und gemahlene Kurkuma zufügen und weitere 3 Minuten braten.

Wenn der Limettensaft kocht, den Reis in die Pfanne geben.

Den Reis 5 Minuten erwärmen, dabei vorsichtig umrühren, damit er die Gewürzaromen gleichmäßig aufnimmt. Heiß servieren.

नींबू चावल

MINNI'S

GOBI ALOO

Blumenkohl-Kartoffel-Pfanne nach Minni

Ich liebe dieses Gericht. Minni kocht es oft für mich, wenn wir uns treffen. Neben ihrem Gobi Keema (siehe Seite 109) ist dies eines der besten Blumenkohlrezepte, die ich kenne. Ich bin sicher, dass man damit auch all die Menschen begeistern kann, die meinen, Blumenkohl nicht zu mögen.

Für 4 Personen
Vorbereitung: 10 Min
Garzeit: 20 Min

1 Tomate
3 EL Senföl
1 TL Kreuzkümmelsamen
1 Prise Asant
1 EL Knoblauch-Ingwer-Paste
1 EL gemahlener Koriander
1 TL rotes Chilipulver
1 TL gemahlene Kurkuma
Salz
350 g Blumenkohl
200 g Kartoffeln
1 große Handvoll Korianderblätter
10 g frischer Ingwer

Die Tomate waschen und in Würfel schneiden. Das Senföl auf mittlerer Stufe in einer großen Pfanne erhitzen. Kreuzkümmelsamen und Asant zugeben und 1 Minute braten. Die Knoblauch-Ingwer-Paste zufügen und 1 Minute unter ständigem Rühren mitbraten. Tomatenwürfel, gemahlenen Koriander, Chilipulver, gemahlene Kurkuma und Salz zufügen. Umrühren und 5 Minuten köcheln lassen.

Den Blumenkohl waschen und in Röschen zerteilen. Die Kartoffeln waschen, schälen und in kleine Würfel schneiden. Blumenkohl und Kartoffeln mit 20 ml Wasser in die Pfanne geben und 15 Minuten abgedeckt köcheln lassen. Zwischendurch gelegentlich umrühren. Bei Bedarf etwas Wasser angießen, damit das Gemüse nicht anbrennt. Am Ende der Garzeit den Deckel abnehmen und das restliche Wasser (sofern vorhanden) verdampfen lassen.

Die Korianderblätter waschen und hacken. Den Ingwer schälen und in feine Streifen schneiden. Beides auf dem Gericht verteilen. Sofort servieren.

Dazu passt:
Chapati nach Familienrezept (siehe Seite 168)
Gurken-Raïta nach Koel (siehe Seite 38)
Paneer mit jungen Erbsen nach meiner Mutter (siehe Seite 132)

ALKA MAMI'S

CRISPY CRUNCHY CABBAGE

Knackiger Kohl nach Tante Alka

Als Kind konnte ich mich nicht für Kohl begeistern, aber heute gehört dieses Gericht von Tante Alka zu meinen Lieblingsessen. Die Zubereitung ist einfach, aber der Geschmack ist umwerfend gut.

Für 4 Personen
Vorbereitung: 10 Min.
Garzeit: 20 Min.

½ Weißkohl
2 grüne Chilischoten
2 EL Senföl
1 TL Senfkörner
15 Curryblätter
½ TL gemahlene Kurkuma
1 Prise rotes Chilipulver
1 Prise Salz
3 EL Zitronensaft
1 Handvoll gehackte Korianderblätter

Den Kohl waschen und die äußeren Blätter entfernen. Den Kohl in feine Streifen schneiden. Grüne Chilischoten waschen und 1 davon putzen und fein hacken.

Senföl in einem Schmortopf erhitzen. Senfkörner, Curryblätter und gehackte grüne Chili zugeben und 2 Minuten braten, bis die Gewürze zu duften beginnen. Den Kohl hinzufügen und bei geringer Hitze 10 Minuten dünsten. Zwischendurch gelegentlich umrühren.

Gemahlene Kurkuma, Chilipulver und Salz zugeben. Den Kohl weitere 7 Minuten garen. Den Zitronensaft zugießen und 2 Minuten köcheln lassen. Mit gehacktem Koriander bestreuen, mit der ganzen grünen Chilischote garnieren und servieren.

Dazu passt:
Curry mit Zucchini-Kefta nach Usha (siehe Seite 162)
Tapiokaperlen nach Cousine Jyoti (siehe Seite 87)

करारी और कुरकुरी पत्तागोभी

KANTA AUNTY'S TORI

Zucchini nach Tante Kanta

Die ursprüngliche Version dieses Gerichts wird mit Tinda zubereitet, einem kleinen runden Gemüse aus der Familie der Kurbisgewächse, das in Europa kaum zu bekommen ist. Darum hat Kanta stattdessen weiße Zucchini verwendet. Geschmack und Konsistenz sind sehr ähnlich, nur die Form ist anders.

Für 4 Personen
Vorbereitung: 10 Min.
Garzeit: 30 Min.

- 3 Knoblauchzehen
- 1 große Zwiebel
- 500 g sehr feste Zucchini (hellgrün oder weiß)
- Sonnenblumenöl
- 1 TL gemahlener Kreuzkümmel
- 1 große Prise Asant
- 1 TL gehackte grüne Chilischote
- 1 EL Knoblauch-Ingwer-Paste
- 1 TL rotes Chilipulver
- ¼ TL gemahlener Kardamom
- 1 TL gemahlene Kurkuma
- 1 Prise Salz
- 2 Tomaten

Knoblauch und Zwiebel schälen und hacken. Die Zucchini waschen, der Länge nach vierteln, dann in ca. 2 cm lange Stücke schneiden.

Etwas Sonnenblumenöl auf hoher Stufe in einer Pfanne erhitzen. Kreuzkümmel, Asant und Knoblauch darin unter ständigem Rühren anbraten, bis der Knoblauch zu bräunen beginnt. Zwiebel und gehackte grüne Chilischote zugeben und unter ständigem Rühren 2 Minuten mitgaren. Knoblauch-Ingwer-Paste und Zucchini hinzufügen und umrühren. Chilipulver, Kardamom, gemahlene Kurkuma, Salz und 250 ml Wasser einrühren und alles bei mittlerer Hitze mit halb geschlossenem Deckel (damit der Dampf entweichen kann) 15 Minuten garen.

Die Tomaten waschen und in Würfel schneiden. In die Pfanne geben und etwas Wasser zufügen, falls die Mischung zu trocken aussieht. Weitere 10 Minuten köcheln lassen, bis das Gemüse gar ist.

Tipp

Für dieses Rezept eignen sich weiße Zucchini besonders gut, weil grüne zu viel Flüssigkeit abgeben. Wer möchte, schneidet sie nur der Länge nach in Viertel wie auf dem Foto. Dann muss die Garzeit aber etwas verlängert werden.

BHAWNA'S

PANEER BHURJI

Pfannengerührter Paneer nach Bhawna

In Geschmack und Konsistenz ähnelt dieses Gericht Rührei, kommt aber ohne Eier aus. Es eignet sich daher gut für Menschen, die auf Eier verzichten wollen, wohl aber Käse zu sich nehmen. Dies ist eines von vielen Gerichten, mit denen die indische Küche beweist, dass vegetarisches Essen köstlich sein kann.

Für 4 Personen
Vorbereitung: 10 Min.
Garzeit: 20 Min.

1 grüne Chilischote
20 g Knoblauch
10 g frischer Ingwer
1 große Tomate
(oder 2 kleine)
1 Zwiebel
5 EL Ghee
1 EL Kreuzkümmelsamen
1 EL Fenchelsamen
1 TL Asant
Salz
2 EL plus 1 große Prise
gemahlener Koriander
1 TL gemahlene Kurkuma
1 TL rotes Chilipulver
1 EL Joghurt
250 g Paneer (siehe Seite 40)
1 TL Limettensaft

Die grüne Chilischote waschen und entkernen. Knoblauch und Ingwer schälen. Chili, Knoblauch und Ingwer hacken. Die Tomate waschen und in kleine Würfel schneiden. Die Zwiebel abziehen und in dünne Ringe schneiden.

Das Ghee bei mittlerer Hitze in einer Pfanne zerlassen. Kreuzkümmelsamen und Fenchelsamen darin 2 Minuten braten. Wenn die Körner zu platzen beginnen, den Asant unterrühren.

Zwiebelringe, gehackte Chili, Ingwer, Knoblauch und Salz hinzufügen und 5 Minuten garen, bis die Zwiebeln hellbraun werden. Dann die Tomatenwürfel untermischen und 3 Minuten mitgaren.

2 EL gemahlenen Koriander, gemahlene Kurkuma, Chilipulver und 1 Prise Salz zugeben und unter Rühren 30 Sekunden erwärmen. Den Joghurt einrühren und 3 Minuten köcheln lassen, dabei ständig beobachten, damit er nicht anbrennt. In der Zwischenzeit den Paneer zerbröseln. Wenn die Gemüsemischung in der Pfanne leicht klebrig wird, den Paneer zufügen und 2 Minuten mitgaren – nicht länger, sonst wird der Paneer gummiartig. In einer Schüssel anrichten, mit dem restlichen Koriander bestreuen und mit Limettensaft beträufeln.

Tipp
Dazu Toast servieren wie zu Rührei.

पनीर भुर्जी

PRIYA'S
BEANS COCONUT

Grüne Bohnen mit Kokosnuss nach Priya

Wie viele Rezepte mit Kokosnuss stammt auch dieses aus dem Süden Indiens. Die Urad Dal sollte man keinesfalls weglassen, weil sie für ein schönes nussiges Aroma sorgen. Anstelle der Bohnen kann auch anderes Gemüse wie Kohl, Karotten oder Okras verwendet werden.

Für 4 Personen
Vorbereitung: 10 Min.
Garzeit: 15 Min.

- 500 g grüne Bohnen
- 2 EL Sonnenblumenöl
- 1 TL Senfkörner
- 1 TL Urad Dal (halbierte, geschälte Urdbohnen)
- 2 getrocknete rote Chilischoten (Kashmir-Chilis)
- 15 Curryblätter
- 1 Prise Salz
- ¼ TL gemahlene Kurkuma
- 250 g Kokosraspel

Die Bohnen waschen und putzen. Sonnenblumenöl in einer Pfanne stark erhitzen. Senfkörner, Urad Dal, ganze rote Chilischoten und Curryblätter darin 2 Minuten braten. Grüne Bohnen, Salz und gemahlene Kurkuma hinzufügen und alles unter ständigem Rühren 2 Minuten braten. Abdecken und weitere 5–10 Minuten garen, bis die Bohnen weich sind, aber noch etwas Biss haben.

Kokosraspel untermischen und heiß servieren.

बीन्स नारियल

CATHERINE'S

PALAK PANEER

Spinat mit Paneer nach Catherine

Für 4 Personen
Vorbereitung: 15 Min.
Garzeit: 30 Min.

750 g frischer Spinat
10 g frischer Ingwer
1 große Prise Salz
6 Knoblauchzehen
1 große Zwiebel
1 grüne Chilischote
20 g Ghee
2 TL Kreuzkümmelsamen
3 Tomaten
2 TL rotes Chilipulver
2 TL gemahlener Koriander
½ TL gemahlene Kurkuma
2 TL Garam Masala nach Tante Satish (siehe Seite 25)
400 g Paneer (siehe Seite 40)
1 EL Joghurt

Den Spinat mit reichlich Wasser waschen. Den Ingwer schälen und fein hacken. Den Spinat, die Hälfte des gehackten Ingwers, 1 große Prise Salz und 1 EL Wasser in einen großen Topf geben. Abdecken und 10 Minuten garen, dabei zwischendurch umrühren. Dann Spinat mit einem Stabmixer pürieren.

Knoblauch und Zwiebel abziehen und fein hacken. Die grüne Chilischote waschen, entkernen und hacken. Das Ghee in einer Pfanne bei starker Hitze zerlassen. Die Kreuzkümmelsamen hineingeben und 2 Minuten rösten. Den restlichen gehackten Ingwer, Knoblauch, Zwiebel und grüne Chilischote hinzufügen. Auf mittlere Hitze herunterschalten und alles 3 Minuten braten, bis die Zwiebel glasig ist und der Knoblauch gerade Farbe annimmt.

Die Tomaten waschen, in kleine Würfel schneiden und in die Pfanne geben. 5 Minuten bei starker Hitze unter häufigem Rühren köcheln lassen, bis sie zerfallen. Pürierten Spinat, Chilipulver, gemahlenen Koriander und gemahlene Kurkuma hinzufügen. Gut umrühren und weitere 5 Minuten unter ständigem Rühren köcheln lassen. Das Garam Masala zugeben und unter ständigem Rühren noch 1 Minute garen.

Den Paneer in kleine Würfel schneiden. In einer Pfanne ohne Fett 1 Minute braten, dann 5 Minuten in eine Schüssel mit kaltem Wasser legen, damit er weich wird. In einem Sieb abtropfen lassen, unter den Spinat rühren und erwärmen, aber nicht mehr kochen lassen. Mit Joghurt garnieren und heiß servieren.

पालक पनीर

NANNI AUNTY'S

BESAN SIMLA MIRCH

Grüne Paprika mit Kichererbsenmehl nach Tante Nanni

Dieses Gericht mit grünen Paprikaschoten ist eines von Nannis Spezialrezepten. Die Paprikaschoten haben einen knackigen Biss und schmecken dank Kichererbsenmehl und Mangopulver, das am Ende der Garzeit hinzugefügt wird, unglaublich lecker.

Für 4 Personen
Vorbereitung: 10 Min.
Garzeit: 10 Min.

200 g grüne Paprikaschoten
3 EL Ghee
1 Prise Asant
½ TL rotes Chilipulver
½ TL Ajowanfrüchte
½ TL gemahlene Kurkuma
100 g Kichererbsenmehl
1 TL Mangopulver
1 Prise Salz

Die Paprikaschoten waschen, entkernen und in Stücke schneiden.

Das Ghee in einer Pfanne zerlassen. Asant, Chilipulver, Ajowan, gemahlene Kurkuma und Kichererbsenmehl zufügen und unter ständigem Rühren 2 Minuten hell anbräunen, bis die Gewürze zu duften beginnen und das Kichererbsenmehl leicht gebräunt ist.

Die Paprikawürfel untermischen und bei geringer Hitze 5 Minuten garen. Mit Mangopulver und Salz bestreuen und unter ständigem Rühren nochmals 1 Minute garen. Heiß servieren.

Tipp
Mangopulver wird schwarz, wenn es zu lange erhitzt wird. Um das zu vermeiden, wird es meist erst am Ende der Garzeit zugegeben. Es gibt aber auch Rezepte, in denen die dunkle Färbung erwünscht ist …

शिमला मिचर् बेसन

NEELAM DIDI'S

PALAK PATTA CHAAT

Frittierter Spinat nach Cousine Neelam

Palak Patta Chaat wird überall im Norden Indiens als Streetfood verkauft. In Hindi bezeichnet Chaat eine kleine Mahlzeit, die am Nachmittag genossen wird. Kleine Läden, die auch Papdi Chaat (siehe Seite 88) und Aloo Tikki (siehe Seite 51) anbieten, sind beliebte Treffpunkte, um mit Freunden bei einem Snack zu plaudern.

Für 4 Personen
Vorbereitung: 10 Min.
Garzeit: 20 Min.

250 g frischer Spinat
6 TL Kichererbsenmehl
¼ TL rotes Chilipulver
1 TL Ajowanfrüchte
1 TL gemahlener schwarzer Pfeffer
1 Prise Salz
300 ml Sonnenblumenöl

Den Spinat mit reichlich Wasser waschen, abtropfen lassen und Blätter mit einem Geschirrtuch gut abtrocknen.

Das Kichererbsenmehl in eine Schüssel geben. Rotes Chilipulver, Ajowan, schwarzen Pfeffer und Salz untermischen. 150 ml Wasser zugießen und alles zu einem relativ flüssigen Teig verrühren.

Sonnenblumenöl in einer Pfanne erhitzen. Die Spinatblätter in den Teig tauchen und kurz überschüssigen Teig abtropfen lassen. Den Spinat im heißen Öl portionsweise 3 Minuten frittieren, dabei zweimal wenden. Die Blätter selbst sollen grün bleiben, der Teig wird hellbraun. Mit Granatapfelkernen bestreuen und heiß mit Tamarindenchutney oder Auberginenchutney servieren.

Zum Servieren
Tamarindenchutney nach Tante Nanni (siehe Seite 34)
Auberginenchutney nach Tante Nanni (siehe Seite 30)
Granatapfelkerne

पालक पत्ता चाट

MUMMY'S

MUTTER PANEER

Paneer mit jungen Erbsen nach meiner Mutter

Für 4 Personen
Vorbereitung: 10 Min.
Garzeit: 35 Min.
Einweichzeit: 2 Std.

1 Handvoll Cashewkerne
1 EL Ghee
1 TL Kreuzkümmelsamen
1 Zwiebel
2 Tomaten
1 TL gemahlene Kurkuma
1 TL rotes Chilipulver
1 TL gemahlener Koriander
1 TL Garam Masala nach Tante Satish (siehe Seite 25)
150 g junge Erbsen
Salz
250 g Paneer (siehe Seite 40)
1 EL Sahne

Optional:
1 TL Bockshornkleeblätter
1 Handvoll Korianderblätter, gewaschen, gehackt

Die Cashewkerne 2 Stunden in einer Schüssel mit Wasser einweichen.

Das Ghee in einer Pfanne bei starker Hitze zerlassen. Den Kreuzkümmel darin 2 Minuten rösten. Die Zwiebel schälen, fein hacken, in die Pfanne geben und in 5 Minuten goldbraun braten. Die Tomaten waschen und in kleine Würfel schneiden. Mit gemahlener Kurkuma, Chilipulver, gemahlenem Koriander und Garam Masala zufügen und 5 Minuten köcheln lassen, bis die Tomaten zerfallen.

In der Zwischenzeit die Cashewkerne in ein Sieb abgießen und im Mixer pürieren. Die Paste in die Pfanne geben und unter ständigem Rühren 5 Minuten erhitzen, bis sie sich gut mit der Tomatenmasse verbunden hat. Die Erbsen und 100 ml Wasser hinzufügen und 10 Minuten garen. Mit Salz abschmecken.

Den Paneer in Würfel schneiden. Wenn die Erbsen gar sind, den Paneer zugeben und bei geringer Hitze 5 Minuten erwärmen. Die Sahne unterrühren. Optional mit Bockshornklee- und Korianderblättern garnieren und sofort servieren.

मटर पनीर

MUMMY'S TAVEWALE GOBI

Frittierter Blumenkohl nach meiner Mutter

Für 4 Personen
Vorbereitung: 20 Min.
Wartezeit: 10 Min.
Garzeit: 45 Min.

- 1 Blumenkohl (500 g)
- Salz
- 3 Knoblauchzehen
- 1 rote Zwiebel
- 10 g frischer Ingwer
- 1 kleine grüne Chilischote
- Sonnenblumenöl
- 1 TL Kreuzkümmelsamen
- 1 TL gemahlene Kurkuma
- 1 TL gemahlener Koriander
- 1 TL Garam Masala nach Tante Satish (siehe Seite 25)
- 1 Tomate

Blätter und Strunk vom Blumenkohl entfernen, den Kopf aber ganz lassen und waschen. Salzwasser in einem großen Topf zum Kochen bringen und den Blumenkohl darin 5 Minuten blanchieren. Mit einem Schaumlöffel herausheben und auf Küchenpapier abtropfen lassen.

Knoblauch, Zwiebel und Ingwer schälen. Die grüne Chilischote waschen, putzen und entkernen. Zwiebel, Knoblauch, grüne Chilischote und Ingwer grob hacken, dann im Mixer zu einer Paste verarbeiten.

4 EL Sonnenblumenöl in einer Pfanne erhitzen. Die Gewürzpaste hineingeben und 10 Minuten unter ständigem Rühren braten, bis sie auf die Hälfte eingekocht ist. Kreuzkümmelsamen, gemahlene Kurkuma, gemahlenen Koriander und Garam Masala einrühren und 2 Minuten erwärmen.

Die Tomate waschen und in kleine Würfel schneiden. In die Pfanne geben und zerdrücken. 10 Minuten unter ständigem Rühren köcheln lassen, dann salzen.

300 ml Sonnenblumenöl in einer Pfanne mit hohem Rand stark erhitzen. Den Blumenkohl darin 10 Minuten frittieren, dabei regelmäßig mithilfe eines Schaumlöffels wenden, bis er rundherum gleichmäßig gebräunt ist. Auf Küchenpapier setzen und 10 Minuten abtropfen und abkühlen lassen. Das Öl in der Pfanne lassen.

Die Tomaten-Zwiebel-Paste in die Freiräume des Blumenkohls drücken, dann die Oberfläche damit bestreichen. Den Blumenkohl wieder ins heiße Öl legen und 5 Minuten bei geringer Hitze braten. Sofort servieren.

तवेवाले गोभी

ROMA BHABHI'S

PALAK KHICHDI

Reis mit Spinat nach Cousine Roma

Im Gegensatz zu anderen, mochte ich Spinat schon als Kind, und er ist auch heute noch eines meiner Lieblingsgemüse. Dieses Gericht ist einfach zuzubereiten und eignet sich daher ideal dazu, um sich auch an hektischen Tagen etwas Leckeres zu zaubern.

Für 4 Personen
Vorbereitung: 10 Min.
Garzeit: 20 Min.
Einweichzeit: 15 Min.

300 g Basmatireis
Salz
500 g frischer Spinat
1 kleine grüne Chilischote
1 Zwiebel
2 Knoblauchzehen
1 EL Sonnenblumenöl
1 TL Kreuzkümmelsamen
½ TL rotes Chilipulver
1 TL Garam Masala nach Tante Satish (siehe Seite 25)
1 EL Ghee

Den Reis dreimal waschen, dann in einer Schüssel mit Wasser 15 Minuten einweichen.

Reis in ein Sieb abgießen und in einem Topf mit kochendem Salzwasser 10–12 Minuten köcheln lassen. In ein Sieb abgießen, wieder in den Topf füllen und warm halten.

Den Spinat mit reichlich Wasser waschen, dann im Mixer fein pürieren. Die grüne Chilischote waschen und putzen. Zwiebel und Knoblauchzehe abziehen. Chili, Zwiebel und Knoblauch fein hacken.

Sonnenblumenöl in einer Pfanne erhitzen. Kreuzkümmel, Knoblauch, Zwiebel, grüne Chilischote, rotes Chilipulver und Garam Masala darin bei mittlerer Hitze 2 Minuten braten. Den pürierten Spinat hinzufügen, umrühren und alles 5 Minuten köcheln lassen. Ghee und 1 Prise Salz unterrühren und 1 Minute mitgaren.

Den Reis in die Pfanne geben und vorsichtig umrühren, damit die Körner nicht zerbrechen. 1 Minute bei geringer Hitze erwärmen. Heiß servieren.

Dazu passt:
Gurken-Raïta nach Koel (siehe Seite 38)
Bratkartoffeln mit Grieß nach Apu (siehe Seite 62)

पालक खिचड़ी

SATISH CHACHI'S
RAJMA

Rote Bohnen nach Tante Satish

Für 4 Personen
Vorbereitung: 15 Min.
Garzeit: 1 Std. 35 Min.
Einweichzeit: 24 Std.

400 g getrocknete rote Bohnen
Salz
2 Zwiebeln
2 EL Ghee
1 TL Knoblauch-Ingwer-Paste
1 TL Kreuzkümmelsamen
1 Prise Asant
2 Tomaten
2 EL Joghurt
1 TL gemahlener Koriander
½ TL gemahlene Kurkuma
1 TL rotes Chilipulver
½ TL Garam Masala nach Tante Satish (siehe Seite 25)
1 Handvoll Korianderblätter, gewaschen, gehackt

Zum Servieren:
Basmatireis

Die roten Bohnen 24 Stunden in einer Schüssel mit Wasser einweichen.

Dann durch ein Sieb abgießen und in einem Topf mit reichlich Salzwasser abgedeckt 1 Stunde köcheln lassen, bis sie schön weich sind.

In der Zwischenzeit die Zwiebeln abziehen und im Mixer zu einer Paste verarbeiten.

1 EL Ghee in einem Topf bei starker Hitze zerlassen. Pürierte Zwiebeln und Knoblauch-Ingwer-Paste hinzufügen und 15 Minuten unter ständigem Rühren garen, bis die Mischung etwas eingekocht ist. Die Paste an den Rand des Topfes schieben. Das restliche Ghee, die Kreuzkümmelsamen und den Asant in die Mitte des Topfes geben.

Die Tomaten waschen und grob hacken, dann im Mixer glatt pürieren.

Das Püree auf die Gewürze im Topf gießen, dann mit der an den Rand geschobenen Zwiebelpaste vermischen. 7–10 Minuten bei starker Hitze und unter ständigem Rühren köcheln lassen. Topf vom Herd nehmen und den Joghurt einrühren. Topf wieder auf den Herd stellen und Mischung 7–10 Minuten köcheln lassen. Gemahlenen Koriander, gemahlene Kurkuma und Chilipulver einrühren und unter Rühren 1 Minute erwärmen. Topf zur Seite stellen.

Die gegarten roten Bohnen in ein Sieb abgießen, dabei das Kochwasser auffangen. Die Bohnen mit 400 ml Kochwasser und der Gewürzpaste wieder in den Topf geben und gut verrühren. Falls die Konsistenz zu sämig ist, etwas mehr Kochwasser zufügen. Das Garam Masala untermischen. Falls nötig, die Bohnen nochmals erhitzen. Mit Korianderblättern bestreuen und mit Basmatireis servieren.

MINNI'S

SOLKADHI

Kokosmilch mit Kokum nach Minni

Solkadhi ist ein Getränk, das ausschließlich zu Mahlzeiten serviert wird, häufig zu Dal und Reis. Diese Kombination ist vor allem im Sommer beliebt, weil Solkadhi angenehm erfrischt. Es ist ein hervorragendes Verdauungstonikum, an dem man auf Reisen an die Westküste Indiens nicht vorbeikommt.

Für 4 Personen
Vorbereitung: 5 Min.
Wartezeit: 3 Std.

1 kleine grüne Chilischote
2 Knoblauchzehen
10 g frischer Ingwer
250 g Kokosraspel
1 TL Kreuzkümmelsamen
6 Kokum-Blätter
1 Prise Salz

Die kleine grüne Chilischote waschen, putzen und entkernen. Die Knoblauchzehen schälen, halbieren und die Keime entfernen. Ingwer schälen. Kokosraspel, Ingwer, Knoblauchzehen, grüne Chilischote und Kreuzkümmel mit 150 ml Wasser in einen Mixer geben und glatt pürieren. Durch ein feines Sieb in einen Krug abseihen.

Die Mischung wieder in den Mixer füllen und weitere 150 ml Wasser zufügen. Erneut mixen und durch ein feines Sieb in einen Krug abseihen. Die Kokum-Blätter und Salz hinzufügen. Vor dem Servieren 3 Stunden in den Kühlschrank stellen.

Dazu passt:
Goldenes Dal nach Catherine (siehe Seite 100)
Limettenreis nach Koel (siehe Seite 114)

सोलकढ़ी

MARIELOU'S

DAL TADKA

Dal-Tadka nach Marielou

Dal ist wohl das für Indien typischste Gericht. Und von allen Dals begeistert mich das von Marielou am meisten. Ich könnte es jeden Tag essen. Auch wenn es einen ausgeprägten Geschmack hat, passt es doch zu fast allem. Wenn ich überlege, was Glück für mich ist, dann stelle ich mir Folgendes vor: 24 Stunden lang am Strand von Goa feiern und dann eine Portion von diesem Dal ...

Für 4 Personen
Vorbereitung: 10 Min.
Garzeit: 35 Min.
Einweichzeit: 30 Min.

200 g Moong Dal (halbierte, geschälte Mungbohnen)
Salz
¼ TL gemahlene Kurkuma
1 Tomate
1 Zwiebel
2 TL Ghee
1 TL Kreuzkümmelsamen
½ TL Asant
1 TL Knoblauch-Ingwer-Paste
½ TL rotes Chilipulver
¼ TL gemahlener Kreuzkümmel
¼ TL gemahlener Koriander

Zum Garnieren:
Korianderblätter

Die Mungbohnen in einem Sieb waschen, danach 30 Minuten in einer Schüssel mit Wasser einweichen. Wieder durch das Sieb abgießen und mit 400 ml Wasser in einen Topf geben. Salz und gemahlene Kurkuma zufügen. Wasser zum Kochen bringen und Mungbohnen 25 Minuten köcheln lassen. Dabei gelegentlich umrühren, damit die Hülsenfrüchte nicht am Topfboden ansetzen.

Das Tadka zubereiten

Die Tomate waschen und in kleine Würfel schneiden. Die Zwiebel abziehen und in dünne Ringe schneiden. Das Ghee in einer Pfanne zerlassen. Kreuzkümmel und Asant darin 2 Minuten rösten. Die Knoblauch-Ingwer-Paste hinzufügen und 1 Minuten unter ständigem Rühren garen. Die Zwiebelringe zugeben und goldbraun braten. Die Tomatenwürfel einrühren und 5 Minuten köcheln lassen. Chilipulver, gemahlenen Kreuzkümmel und gemahlenen Koriander untermischen und alles weitere 2 Minuten köcheln lassen.

Wenn die Hülsenfrüchte gar sind, die Zwiebel-Tomaten-Mischung in den Topf geben und verrühren. Bei geringer Hitze erwärmen, bis die Mischung zu kochen beginnt. Mit Korianderblättern garnieren und heiß servieren.

दाल तड़का

CATHERINE'S

MISHTI DOI

Süße Joghurtcreme nach Catherine

Für 4 Personen
Vorbereitung: 30 Min.
Garzeit: 6 Std. 40 Min.
Wartezeit: 2 Std. 10 Min.

1 l Vollmilch
1 EL grüne Kardamomkapseln
100 g Jaggery
250 g Vollmilchjoghurt

Die Milch in einem großen Topf bei mittlerer Hitze zum Kochen bringen. Dann die Temperatur reduzieren und Milch 30 Minuten unter ständigem Rühren köcheln lassen, bis sie auf die Hälfte eingekocht ist.

Die Kardamomkapseln grob zerdrücken, mit dem Jaggery in die heiße Milch geben und unter ständigem Rühren 5 Minuten erhitzen, bis der Zucker aufgelöst ist. Die Mischung durch ein feines Sieb in eine Schüssel abgießen, um die Körner zu entfernen.

Den Joghurt in einer Schüssel glatt rühren.

Den Joghurt esslöffelweise in die heiße Milch geben, dabei ständig rühren, damit der Joghurt nicht gerinnt.

Die Mischung in ofenfeste Förmchen (z. B. aus Keramik) gießen und mit Alufolie abdecken.

1 l Wasser in einem Topf oder Wasserkocher aufkochen. Den Backofen auf 70 °C Ober-/Unterhitze vorheizen. Die Förmchen in eine ofenfeste Form mit hohem Rand stellen und so viel heißes Wasser in die Form gießen, dass die Förmchen zur Hälfte darin stehen.

Creme 6 Stunden im Backofen garen.

Herausnehmen und 10 Minuten auf Zimmertemperatur abkühlen lassen, dann zum Festwerden 2 Stunden in den Kühlschrank stellen. Danach Creme servieren.

Tipp
Am besten Joghurt aus dem Glas verwenden, denn darin sind die Bakterien aktiver. Die fertige Creme kann 3 Tage im Kühlschrank aufbewahrt werden.

मिष्टी दोई

HARMEET'S

KADHA PRASAD

Weiches Halwa nach Harmeet

Halwa ist in Indien sehr beliebt. Dies ist eine spezielle Variante aus meiner Heimatregion, wo die Sikh sie als Opfergabe vor den Tempeln ablegen. In indischen Restaurants oder Geschäften ist Kadha Prasad kaum zu finden. Es wird gern zu religiösen Anlässen zubereitet, aber ich mag es auch zum Frühstück. Dieses Rezept habe ich von Harmeet bekommen. Es erinnert mich an die Zeit, als ich zusammen mit ihr in aller Frühe in den Sikh-Tempel ging.

Für 4 Personen
Vorbereitung: 10 Min.
Garzeit: 25 Min.

60 g Zucker
300 ml Wasser
1 EL Mandelkerne
1 EL Pistazienkerne
120 g Ghee
120 g Weizenvollkornmehl

Den Zucker und das Wasser in einem Topf verrühren und zum Kochen bringen. Wenn die Mischung zu kochen beginnt, die Temperatur reduzieren und das Ganze rühren bis ein Sirup entsteht. Hierbei sollte sich die Flüssigkeit nicht verringern

Mandeln und Pistazien in einem Mörser grob zerstoßen.

Das Ghee bei mittlerer Hitze in einem Topf zerlassen. Das Mehl zufügen und 15 Minuten unter ständigem Rühren goldbraun anschwitzen. Den Sirup einrühren und alles 5 Minuten bei geringer Hitze köcheln lassen, bis eine homogene Mischung entsteht. Weitere 2–3 Minuten köcheln lassen. Die Masse ist fertig, wenn sich das Ghee abzusetzen beginnt.

Das Halwa in 4 Schälchen füllen, mit Mandeln und Pistazien bestreuen und heiß servieren.

कड़ा प्रसाद

NEELAM DIDI'S
KHEER

Milchreis nach Cousine Neelam

Obwohl die Inder Kheer als Dessert bezeichnen, ist die Ähnlichkeit zum europäischen Milchreis kaum zu übersehen. Wie Kadha Prasad (siehe Seite 146) ist Kheer mit der Spiritualität und den religiösen Festen der Sikhs verbunden. Im Gegensatz zu Ersterem ist er jedoch oft auf der Speisekarte indischer Restaurants zu finden. Kheer kann auch mit Tapiokaperlen oder mit geriebenen Karotten zubereitet werden. Ich bevorzuge jedoch die traditionelle Version mit Safran, Mandeln und Rosenaroma.

Für 4 Personen
Vorbereitung: 10 Min.
Garzeit: 40 Min.
Einweichzeit: 30 Min.

100 g Basmatireis
2 l Vollmilch
8 Safranfäden
125 g Zucker
1 große Handvoll Mandelblättchen, geröstet
1 TL gemahlener Kardamom
1 Handvoll Rosinen
1 EL Rosenaroma

Den Reis dreimal waschen, dann in einer Schüssel mit reichlich Wasser 30 Minuten einweichen. Danach durch ein Sieb abgießen.

Die Milch in einen Topf gießen und unter ständigem Rühren 10 Minuten köcheln lassen. Dabei darf sich der Rahm nicht von der Milch trennen. Reis und Safran hinzufügen und weiterrühren, damit der Reis nicht zusammenklebt. 20 Minuten köcheln lassen. Den Zucker einrühren und die Mischung unter ständigem Rühren weitere 10 Minuten köcheln lassen.

Geröstete Mandelblättchen, gemahlenen Kardamom, Rosinen und Rosenaroma unterheben und Milchreis heiß servieren.

FESTLICHES

SATISH CHACHI'S

PINDI CHANA

Würzige Kichererbsen nach Tante Satish

Für 4 Personen
Vorbereitung: 15 Min.
Garzeit: 50 Min.
Einweichzeit: 8 Std.

300 g Kichererbsen
1 EL getrocknete Granatapfelkerne
2 EL Kreuzkümmelsamen
1 Prise Salz
2 Zimtstangen
1 schwarze Kardamomkapsel
4 Gewürznelken
1 EL Mangopulver
1 EL gemahlener Koriander
1 TL gemahlener schwarzer Pfeffer
1 EL Garam Masala nach Tante Satish (siehe Seite 25)
2 kleine grüne Chilischoten
10 g frischer Ingwer
2 EL Ghee
4 EL Sonnenblumenöl
2 kleine rote Zwiebeln
einige Korianderblätter
½ Limette
1 Sternanis
1 Lorbeerblatt

Die Kichererbsen in einer Schüssel mit reichlich Wasser 8 Stunden einweichen. Dann durch ein Sieb abgießen.

Eine Pfanne ohne Fett erhitzen. Granatapfelkerne und Kreuzkümmel darin 2 Minuten rösten, danach in einem Mixer zu feinem Pulver zerkleinern.

Die Kichererbsen mit Salz, Zimtstangen, Kardamom und Gewürznelken in einen Topf geben. 500 ml Wasser zugießen. Kichererbsen in 20–30 Minuten weich kochen. Durch ein Sieb abgießen, dabei das Kochwasser auffangen.

Kichererbsen und die Gewürze aus dem Sieb in eine Schüssel geben. Gemahlene Granatapfelkerne und Kreuzkümmel, Mangopulver, Koriander, schwarzen Pfeffer und Garam Masala hinzufügen und umrühren, bis die Kichererbsen ganz von den Gewürzen umhüllt sind.

Die grünen Chilischoten waschen, putzen und entkernen. Ingwer schälen. Ingwer und grüne Chilischoten fein hacken und zu den Kichererbsen in die Schüssel geben. Gut verrühren.

Ghee und Sonnenblumenöl in einer Pfanne auf mittlerer Stufe erhitzen. Die gewürzten Kichererbsen und 10 ml aufgefangenes Kochwasser zugeben. 10–15 Minuten köcheln lassen, bis das Wasser verdampft ist.

In der Zwischenzeit die roten Zwiebeln schälen und fein hacken. Die Korianderblätter waschen und hacken. Die Limette auspressen. Die gegarten Kichererbsen mit dem Limettensaft beträufeln und mit Zwiebeln, Koriander, Sternanis und Lorbeerblatt garnieren. Sofort servieren.

पिन्डी चना

SATISH CHACHI'S

PUNJABI KADHI PAKORA

Pakora in Sauce aus Punjab-Joghurt nach Tante Satish

Dieses Gericht ist ein Klassiker in meiner Familie. In meiner Kindheit kam bei uns hauptsächlich diese Variante von Tante Satish auf den Tisch. Das Gericht ist in indischen Restaurants nicht sehr verbreitet, aber ich habe es zu Ehren meiner Familie im »Holy-Holi« auf die Speisekarte gesetzt.

Für 4 Personen
Vorbereitung: 30 Min.
Garzeit: 30 Min.
Wartezeit: 15 Min.

Für die Pakora
- 1 weiße Zwiebel
- 1 grüne Chilischote
- 200 g Kichererbsenmehl
- 3 EL Sonnenblumenöl
- 50 ml Wasser
- 1 Prise Salz

Für die Kadhi-Sauce
- 100 g Kichererbsenmehl
- 8 EL stichfester Joghurt
- 300 ml Wasser
- ½ EL Koriandersamen
- 2 Knoblauchzehen
- 10 g frischer Ingwer
- 1 kleine Chilischote
- 2 EL Sonnenblumenöl
- ½ EL Asant
- ½ TL gemahlene Kurkuma
- Salz
- Öl zum Frittieren
- 1 Prise rotes Chilipulver
- 1 Prise Kreuzkümmelsamen
- 4 EL Tadka mit Curryblättern (siehe Seite 36)

Für die Pakora

Die Zwiebel abziehen und hacken. Die grüne Chilischote waschen, putzen und fein hacken. Kichererbsenmehl, Öl und Wasser in einer Schüssel zu einem Teig verrühren. Zwiebel und Chilischote hinzufügen, unterrühren und salzen. 15 Minuten quellen lassen. In der Zwischenzeit die Sauce zubereiten.

Für die Kadhi-Sauce

Kichererbsenmehl, Joghurt und Wasser in einem Mixer einige Sekunden lang verrühren. Zur Seite stellen. Die Koriandersamen im Mörser zerdrücken. Knoblauch und Ingwer schälen. Chilischote waschen und putzen. Knoblauch, Ingwer und Chilischote fein hacken. Das Sonnenblumenöl in einer Pfanne auf hoher Stufe erhitzen. Dann Temperatur reduzieren, Asant, zerdrückten Koriander, Knoblauch, Ingwer und grüne Chilischote zugeben und 2–3 Minuten braten, bis Knoblauch und Ingwer Farbe angenommen haben. Das angerührte Mehl und die Kurkuma zugeben. 10–15 Minuten köcheln lassen, dabei ständig rühren, damit sich keine Klümpchen bilden. Wenn die Sauce zu stark eindickt, etwas Wasser einarbeiten. Die Sauce soll den Mehlgeschmack verlieren, darf aber nicht anbrennen. Mit Salz würzen. Parallel zur Zubereitung der Sauce die Pakora frittieren.

Die Pakora frittieren

Das Frittieröl in einem Topf erhitzen. Zum Prüfen der Temperatur einen Tropfen Teig ins Öl geben. Er soll sofort an die Oberfläche steigen, ohne dabei zu verbrennen. In einer Fritteuse das Öl auf 180 °C erhitzen. Aus dem Teig mit einem Teelöffel kleine Kugeln von Ø 3–4 cm formen. Die Teigkugeln ins heiße Öl geben und die Temperatur etwas reduzieren. Die Pakora 2–3 Minuten frittieren, bis sie hell gebräunt sind, dann herausheben und auf Küchenpapier abtropfen lassen.

Anrichten

Die Pakora in die Joghurtsauce legen. Mit Chilipulver bestreuen und 1–2 Minuten ziehen lassen. Den Kreuzkümmel in einer kleinen Pfanne ohne Fett rösten. Das Gericht mit Tadka und geröstetem Kreuzkümmel garnieren und servieren.

पंजाबी कढ़ी पकोड़ा

JYOTI BHABHI'S
DUM ALOO

Kartoffeln in Kashmir-Sauce nach Cousine Jyoti

Für 4 Personen
Vorbereitung: 15 Min.
Garzeit: 35 Min.

400 g kleine Kartoffeln
Salz
2 EL Ghee
2 TL Fenchelsamen
1½ EL griechischer Joghurt
2 TL Mehl
2 TL rotes Chilipulver
½ TL gemahlene Kurkuma
1 TL gemahlener Ingwer
½ TL Garam Masala nach Tante Satish (siehe Seite 25)
5 EL Senföl
1 große getrocknete rote Chilischote (Kashmir-Chili)
4 Gewürznelken
2 schwarze Kardamomkapseln
3 grüne Kardamomkapseln
½ TL schwarze Pfefferkörner

Die Kartoffeln waschen und jede dreimal mit einer Gabel einstechen. In einem Topf mit reichlich Salzwasser 10 Minuten kochen. Das Wasser abgießen und Kartoffeln 5 Minuten abkühlen lassen, dann pellen. Das Ghee in einer Pfanne zerlassen und die Kartoffeln darin 10 Minuten braten, bis sie rundum goldbraun sind. Zur Seite stellen.

Die Fenchelsamen in einer Pfanne ohne Fett bei starker Hitze 2 Minuten rösten. Danach in einem Mörser fein zerstoßen.

Den Joghurt in einer Schüssel mit Mehl, Chilipulver, gemahlener Kurkuma, gemahlenem Ingwer, Garam Masala und zerstoßenen Fenchelsamen verrühren.

Das Senföl in einem großen Topf stark erhitzen. Rote Chilischote, Gewürznelken, schwarzen und grünen Kardamom und Pfefferkörner darin 1 Minute braten. Die Temperatur reduzieren und den gewürzten Joghurt langsam und unter Rühren in die Pfanne gießen. Die Mischung 2 Minuten leicht köcheln lassen, dabei ständig mit einem Holzlöffel rühren, damit der Joghurt nicht gerinnt.

Die Kartoffeln, 500 ml Wasser und Salz hinzufügen. Umrühren, dann abgedeckt bei mittlerer Hitze 10 Minuten köcheln lassen, dabei ständig rühren, damit nichts anbrennt. Heiß servieren.

दम आलू

ROMA BHABHI'S

RAJMA KEBAB

Kebab aus roten Bohnen nach Cousine Roma

Für 4 Personen
Vorbereitung: 40 Min.
Garzeit: 40 Min.
Einweichzeit: 2 Std.

200 g getrocknete rote Bohnen
Salz
1 große Handvoll Cashewkerne
3 Safranfäden
1 grüne Chilischote
1 Zwiebel
2 grüne Kardamomkapseln
Sonnenblumenöl
75 g Kichererbsenmehl
1 Handvoll Korianderblätter, gewaschen, gehackt
2 TL Knoblauch-Ingwer-Paste
1 TL rotes Chilipulver
1 TL Garam Masala nach Tante Satish (siehe Seite 25)
1 TL gemahlener Kreuzkümmel
1 Prise gemahlener schwarzer Pfeffer

Zum Servieren
Grünes Minze-Koriander-Chutney nach Marielou (siehe Seite 31)
Tamarindenchutney nach Tante Nanni (siehe Seite 34)

Die roten Bohnen 2 Stunden in einer Schüssel mit reichlich Wasser einweichen. Durch ein Sieb abgießen, dann mit reichlich Salzwasser in einen Topf geben und 30 Minuten kochen.

In der Zwischenzeit die Cashewkerne 20 Minuten in einer Schüssel mit Wasser einweichen. Durch ein Sieb abgießen.

Die Safranfäden mit 1 EL Wasser in eine Tasse geben. Die roten Bohnen in ein Sieb abgießen und im Mixer zu einer Paste pürieren. In eine Schüssel umfüllen. Mit den Cashewkernen ebenso verfahren.

Die grüne Chilischote waschen, entkernen und hacken. Die Zwiebel abziehen und hacken. Die Kardamomkapseln in einem Mörser zerstoßen. 1 EL Sonnenblumenöl in einer Pfanne erhitzen. Zwiebel, grüne Chili und Kardamom darin 5 Minuten anbraten.

In einer zweiten Pfanne das Kichererbsenmehl ohne Fett 3 Minuten unter ständigem Rühren rösten, bis es leicht gebräunt ist.

Die Safranfäden aus der Tasse nehmen, das Einweichwasser aufbewahren.

Pürierte rote Bohnen und Cashewkerne in einer Schüssel mit geröstetem Kichererbsenmehl, grüner Chili, Zwiebel, zerstoßenem Kardamom, gehackten Korianderblättern, Knoblauch-Ingwer-Paste, Chilipulver, Garam Masala, gemahlenem Kreuzkümmel, gemahlenem schwarzem Pfeffer und Einweichwasser vom Safran zu einer glatten Masse vermengen. Salzen.

Aus der Masse kleine Bratlinge formen (2 cm dick, Ø 5 cm). 2 EL Sonnenblumenöl in einer Pfanne stark erhitzen. Die Bratlinge darin von jeder Seite 3 Minuten braten, bis sie goldbraun sind.

Heiß mit Grünem Minze-Koriander-Chutney nach Marielou und Tamarindenchutney nach Tante Nanni servieren.

Tipp
Die Bohnenmasse lässt sich leichter formen und klebt weniger an den Fingern, wenn man etwas Speiseöl zwischen den Händen verreibt. Außerdem pflegt das Öl die Haut.

राजमा के कबाब

HARMEET'S

BHARWA KARELA

Gefüllte Bittergurken nach Harmeet

Für 4 Personen
Vorbereitung: 15 Min.
Garzeit: 15 Min.
Wartezeit: 25 Min.

250 g Bittergurken (ca. 4 Stück)
Salz
4 Zwiebeln
2 EL Fenchelsamen
4 EL Koriandersamen
1 EL Kreuzkümmelsamen
¼ TL Bockshornkleesamen
4 EL Sonnenblumenöl
1 Prise Asant
1 EL Mangopulver
½ TL gemahlene Kurkuma
½ TL rotes Chilipulver

Die Bittergurken waschen und schälen, aber die Enden nicht abschneiden. Die Schale aufbewahren. Die Bittergurken der Länge nach aufschlitzen und die Kerne herausschaben. Das Innere mit 10 g Salz bestreuen, dann die Bittergurken 25 Minuten zur Seite stellen. Das Salz verringert den bitteren Geschmack.

In der Zwischenzeit die Zwiebeln schälen und wie die Bittergurkenschalen fein hacken. Fenchelsamen, Koriandersamen, Kreuzkümmelsamen und Bockshornkleesamen in einer Pfanne ohne Fett 2 Minuten rösten, dann in einen Mixer geben und zu einem feinen Pulver zerkleinern.

2 EL Sonnenblumenöl in einer Pfanne erhitzen. Asant, Zwiebeln und Bittergurkenschalen zugeben und bei mittlerer Hitze 5 Minuten braten, bis die Zwiebeln leicht gebräunt sind. Im Mixer gemahlene Gewürze, Mangopulver, gemahlene Kurkuma, Chilipulver, 1 Prise Salz und 50 ml Wasser hinzufügen und alles 3 Minuten garen. Dabei gut aufpassen, dass die Gewürze nicht verbrennen. Mischung zur Seite stellen und abkühlen lassen.

Die Bittergurken abspülen, um das Salz zu entfernen, und mit Küchenpapier abtrocknen. Gewürzmischung in die Gurken füllen und diese mit Küchenzwirn verschließen.

Das restliche Sonnenblumenöl auf hoher Stufe in einer Pfanne erhitzen. Die gefüllten Bittergurken hineinlegen, die Temperatur reduzieren und Gurken 5 Minuten braten, dabei regelmäßig wenden. Heiß servieren.

भरवां करेला

USHA'S
KOFTA CURRY

Curry mit Zucchini-Kefta nach Usha

Für 4 Personen
Vorbereitung: 40 Min.
Garzeit: 50 Min.
Wartezeit: 10 Min.

3 Zucchini
Salz
1 TL rotes Chilipulver
½ TL gemahlene Kurkuma
1 EL gemahlener Koriander
1½ TL Knoblauch-Ingwer-Paste
1 TL gemahlener Kreuzkümmel
2 EL Reismehl
3 EL Kichererbsenmehl
300 ml Sonnenblumenöl
1 Zwiebel
3 Tomaten
1 große Handvoll Cashewkerne
2 TL Garam Masala nach Tante Satish (siehe Seite 25)
2 TL Bockshornkleesamen

Die Zucchini waschen, putzen und grob raspeln. In einer Schüssel mit 1 Prise Salz mischen und 10 Minuten ziehen lassen.

Die Zucchini in ein Sieb geben und möglichst viel Flüssigkeit ausdrücken. Dann in ein sauberes Geschirrtuch füllen und nochmals gut auspressen.

Die Kefta zubereiten

Geraspelte Zucchini, die Hälfte des Chilipulvers, die Hälfte der gemahlenen Kurkuma, die Hälfte des gemahlenen Korianders, ½ TL Knoblauch-Ingwer-Paste sowie den gemahlenen Kreuzkümmel in eine Schüssel geben und mit den Händen gründlich vermengen. Reismehl und Kichererbsenmehl hinzufügen und alles zu einer homogenen Masse verarbeiten. Aus der Masse 20 kleine Bällchen formen und leicht flach drücken.

Sonnenblumenöl auf mittlerer Stufe in einer Pfanne mit hohem Rand erhitzen. Die Kefta portionsweise darin 5 Minuten garen, dabei regelmäßig wenden. Nicht zu viele Kefta auf einmal in die Pfanne geben, sonst sinkt die Temperatur des Öls zu stark ab. Die fertigen Kefta auf Küchenpapier abtropfen lassen. Das Öl in eine Schüssel umfüllen. Die Pfanne nicht auswaschen.

Das Curry zubereiten

Die Zwiebel abziehen und hacken. 2 EL Bratöl von den Kefta in einer Pfanne erhitzen und die Zwiebel darin in 3 Minuten glasig dünsten. Die Tomaten waschen und in Stücke schneiden, dann mit den Cashewkernen in einen Mixer geben und pürieren. Das Püree in die Pfanne gießen. Die restlichen Mengen Chilipulver, gemahlenen Koriander und gemahlene Kurkuma, Knoblauch-Ingwer-Paste sowie Garam Masala zufügen. Die Tomatensauce unter häufigem Rühren 20 Minuten köcheln lassen, bis sie etwas eingekocht ist. Die Bockshornkleesamen im Mörser grob zerstoßen und mit 200 ml Wasser in die Pfanne geben. Umrühren und alles 10 Minuten köcheln lassen. Falls das Curry zu dick ist, etwas Wasser zugeben. Curry salzen und vom Herd nehmen.

Die Kefta auf einer Platte anrichten, mit dem Curry übergießen und sofort servieren.

Tipp

Wer an einer Nussallergie leidet, kann die Cashewkerne durch Kürbiskerne ersetzen.

कोफ्ता करी

ALKA MAMI'S

LOTUS STEM YAKHNI

Lotuswurzel in Joghurtsauce nach Tante Alka

Lotuswurzeln sind eine Spezialität aus Kaschmir, einer Region, die für ihre unzähligen Lotusblumen und ihre reichhaltige und originelle Küche bekannt ist. Normalerweise ist die Zubereitung sehr langwierig, aber dieses Rezept braucht relativ wenig Zeit. Lotuswurzeln haben einen knackigen Biss und einen erdigen Geschmack, der entfernt an Esskastanien erinnert.

Für 4 Personen
Vorbereitung: 10 Min.
Garzeit: 15 Min.

- 500 g Lotuswurzel
- 1 Zimtstange
- 2 schwarze Kardamomkapseln
- 2 Gewürznelken
- 2 TL gemahlene Fenchelsamen
- 1 TL gemahlener Ingwer
- ½ TL Kichererbsenmehl
- 500 g Joghurt
- 1 Prise Salz
- ½ TL gemahlener schwarzer Pfeffer
- 3 EL Sonnenblumenöl
- 1 EL Ghee
- ½ TL Kreuzkümmelsamen

Die Lotuswurzeln waschen und in 5 mm dicke Scheiben schneiden. Nochmals gründlich mit reichlich Wasser waschen, um alle Erdreste zu entfernen.

100 ml Wasser in einen Topf geben. Zimtstange, Kardamomkapseln (leicht zerdrückt), Gewürznelken, gemahlene Fenchelsamen und gemahlenen Ingwer zugeben und zum Kochen bringen. Die Lotuswurzelscheiben ins Wasser legen und 5 Minuten köcheln lassen, bis sie gerade gar sind.

Kichererbsenmehl und Joghurt in einer Schüssel verrühren. Die Lotuswurzelscheiben in ein Sieb abgießen, mit der Kichererbsenmehl-Joghurt-Mischung wieder in den Topf geben und bei schwacher Hitze 5 Minuten unter ständigem Rühren köcheln lassen, bis sie die Sauce gut aufgenommen haben. Salz, schwarzen Pfeffer und Öl zugeben und weitere 1–2 Minuten garen.

In der Zwischenzeit das Ghee bei starker Hitze in einer Pfanne zerlassen. Wenn sich Bläschen bilden, den Kreuzkümmel darin 2 Minuten braten.

Das Yakhni mit dem Kreuzkümmel bestreuen und servieren.

कमल यखनी तना

MINNI'S
PANEER MAKHANI

Paneer in Sahne nach Minni

Für 4 Personen
Vorbereitung: 10 Min.
Garzeit: 47 Min.
Wartezeit: 10 Min.

- 2 Tomaten
- 4 Knoblauchzehen
- 1 rote Zwiebel
- 10 g frischer Ingwer
- 1 Handvoll Cashewkerne
- 200 g Paneer (siehe Seite 40)
- 1 Prise Salz
- 1 Prise gemahlener schwarzer Pfeffer
- 1 TL rotes Chilipulver
- 2 TL Ghee
- 1 TL Kreuzkümmelsamen
- 2 EL Tomatenmark
- 1 TL gemahlener Koriander
- 1 TL Paprikapulver
- 1 TL Garam Masala nach Tante Satish (siehe Seite 25)
- 1 EL Bockshornkleesamen
- 2 EL Sahne

Die Tomaten waschen und in Würfel schneiden. Knoblauch, Zwiebel und Ingwer schälen und grob hacken.

Tomaten, Knoblauch, Zwiebel, Ingwer und Cashewkerne mit 100 ml Wasser in einem Topf erhitzen und 10 Minuten kochen, bis die Flüssigkeit auf die Hälfte reduziert ist. 5 Minuten abkühlen lassen, dann in einem Mixer pürieren. Den Paneer in 2 cm breite Streifen schneiden und in eine Schüssel geben. Mit Salz, gemahlenem schwarzen Pfeffer und ½ TL rotem Chilipulver vermischen und 5 Minuten marinieren lassen.

1 TL Ghee bei starker Hitze in einer Pfanne zerlassen. Die Paneer-Streifen darin 5 Minuten braten, bis sie leicht gebräunt sind. In eine Schüssel legen und zur Seite stellen.

In derselben Pfanne das restliche Ghee zerlassen. Kreuzkümmel und Tomatenmark darin unter Rühren 2 Minuten braten. Pürierte Tomaten, gemahlenen Koriander, restliches Chilipulver, Paprikapulver und Garam Masala zufügen und alles bei schwacher Hitze 10 Minuten köcheln lassen.

Die Bockshornkleesamen grob zerstoßen und mit der Sahne zum Gericht geben. Zum Kochen bringen, dann bei schwacher Hitze 10 Minuten köcheln lassen. Die Paneerstreifen unterheben und weitere 10 Minuten köcheln lassen. Sofort servieren.

पनीर मखनी

SATISH CHACHI'S

DAHI WALE BHINDI

Okras in Joghurtsauce nach Tante Satish

Für 4 Personen
Vorbereitung: 15 Min.
Garzeit: 25 Min.

500 g Okras
250 g Tomaten
Sonnenblumenöl
1 TL Kreuzkümmelsamen
Salz
300 g Joghurt
1 TL rotes Chilipulver
1 TL gemahlene Kurkuma

Zum Servieren
Chapati nach Familienrezept (siehe unten)

Die Okras waschen, putzen und sorgfältig mit Küchenpapier abtrocknen. Die Enden abschneiden, dann die Okras der Länge nach halbieren. Die Tomaten waschen und in Würfel schneiden.

300 ml Sonnenblumenöl in einer großen Pfanne stark erhitzen. Die Okras darin 7–10 Minuten frittieren, bis sie leicht gebräunt sind. Mit einem Schaumlöffel aus dem heißen Öl heben und auf Küchenpapier abtropfen lassen.

1 EL Sonnenblumenöl in einem Topf erhitzen. Den Kreuzkümmel darin 2 Minuten braten. Die Tomatenwürfel zufügen und 5 Minuten köcheln lassen, bis sie zerfallen. Mit Salz würzen.

In der Zwischenzeit Joghurt, Chilipulver und gemahlene Kurkuma in eine Schüssel geben und 1 Minute mit einem Holzspatel verrühren. Die Pfanne vom Herd nehmen und die Joghurtmischung langsam und unter ständigem Rühren hineingießen. Die Okras in die Sauce legen und bei schwacher Hitze 5 Minuten erwärmen. Zu Chapati servieren.

GHAR KI CHAPATI

Chapati nach Familienrezept

Für 4 Personen oder 10 Chapati
Vorbereitung: 5 Min.
Garzeit: 40 Min.
Wartezeit: 30 Min.

300 g Mehl plus mehr für die Arbeitsfläche
Ghee
1 Prise Salz

Das Mehl in einer Schüssel mit 1 EL Ghee, Salz und 200 ml Wasser verrühren, dann mit den Händen verkneten und Teig zu einer glatten Kugel formen. Mit einem feuchten Tuch abdecken und 30 Minuten ruhen lassen.

Aus dem Teig Kugeln von Ø 3–4 cm formen und auf einer bemehlten Arbeitsfläche dünn ausrollen.

Die Chapati einzeln in einer Pfanne ohne Fett backen: 1 Fladen in die Pfanne legen, nach 2 Minuten wenden und von der anderen Seite noch 1 Minuten garen. Den Fladen mit 1 TL Ghee bestreichen und von jeder Seite weitere 30 Sekunden ausbacken. Den restlichen Teig ebenso verarbeiten.

PRIYA'S

SINDHI KADHI

Gemüse in Sauce nach Priya

Für 4 Personen
Vorbereitung: 20 Min.
Garzeit: 55 Min.

- 2 Kartoffeln
- 1 Karotte
- 8 Okras
- 1 Stängel Moringa
- 100 g grüne Bohnen
- 10 g frischer Ingwer
- 100 ml Sonnenblumenöl
- 1 Prise Asant
- 60 g Kichererbsenmehl
- ½ TL Bockshornkleesamen
- 1 TL Kreuzkümmelsamen
- ½ TL gemahlene Kurkuma
- 1 TL rotes Chilipulver
- 4 Kokum-Blätter
- 1 TL Jaggery
- Salz

Das Gemüse waschen. Kartoffeln und Karotte schälen. Okras, Moringa und Bohnen putzen. Alles in Stäbchen von 10 cm Länge und 1 cm Dicke schneiden. Den Ingwer schälen und in feine Stifte schneiden.

Sonnenblumenöl in einer Pfanne auf hoher Stufe erhitzen. Asant einstreuen. Wenn sich Bläschen bilden, das Kichererbsenmehl einrühren und bei mittlerer Hitze unter ständigem Rühren 10–15 Minuten hellbraun anschwitzen. Bockshornkleesamen und Kreuzkümmel zugeben und unter ständigem Rühren weitere 2 Minuten garen.

Gemahlene Kurkuma, Ingwer und Chilipulver untermischen und 1 Minute erhitzen. Dann 1 l Wasser, Kokum-Blätter, Kartoffeln, Moringa und Karotte hinzufügen. Abgedeckt unter häufigem Rühren 30 Minuten garen.

Okras und grüne Bohnen zugeben, dann Jaggery und etwas Salz unterrühren. Weitere 10 Minuten köcheln lassen und heiß servieren.

Tipp

Die Moringawurzel hat eine faserige Haut, die nicht mitgegessen wird. Man schabt das fleischige Mark mit einer Gabel – oder, wie in Indien, direkt mit den Zähnen – heraus. Das ist etwas umständlich, dafür ist Moringa aber sehr gesund.

सिंधी कढ़ी

NEELAM DIDI'S HANDVA

Gemüsekuchen mit Hülsenfrüchten nach Cousine Neelam

Für 4 Personen
Vorbereitung: 20 Min.
Garzeit: 35 Min.
Einweichzeit: 1 Std.
Wartezeit: 2 Std.

- 200 g Basmatireis
- 50 g Chana Dal (halbierte geschälte Kichererbsen)
- 25 g Toor Dal (halbierte geschälte Straucherbsen)
- 25 g Urad Dal (halbierte geschälte Urdbohnen)
- 60 g Crème fraîche
- 5 Knoblauchzehen
- 20 g frischer Ingwer
- 4 grüne Chilischoten
- 2 Karotten
- 1 Blumenkohl
- ½ Weißkohl
- 1 TL Zucker
- 1 Prise Salz
- ½ TL gemahlene Kurkuma
- 2 EL Sonnenblumenöl
- 1 TL Asant
- 1 TL Senfkörner
- 1 TL Sesamsamen
- 12 Curryblätter

Reis und Hülsenfrüchte in eine Schüssel mit Wasser geben und 1 Stunde einweichen lassen. In ein Sieb abgießen, mit Wasser spülen, abtropfen lassen und dann im Mixer zu einer homogenen Masse pürieren. Die Crème fraîche zugeben und nochmals einige Sekunden mixen. Masse 2 Stunden in den Kühlschrank stellen.

Knoblauch und Ingwer schälen. Die Chilischoten waschen, putzen und entkernen. Knoblauch, Ingwer und Chilis im Mixer zu einer Paste verarbeiten. Falls nötig, 1 EL Wasser zufügen. Zur Seite stellen. Das Gemüse waschen und putzen. Die Karotten schälen, den Blumenkohl in Röschen zerteilen. Die äußeren Blätter des Weißkohls entfernen. Gemüse fein hacken.

Die Reis-Hülsenfrüchte-Masse in eine große Schüssel umfüllen. Chili-Knoblauch-Ingwer-Paste und gehacktes Gemüse sowie Zucker, Salz und gemahlene Kurkuma zugeben. Alles gut vermengen. Zur Seite stellen.

1 EL Sonnenblumenöl in einer Pfanne erhitzen. Asant, Senfkörner, Sesam und Curryblätter darin 2 Minuten braten, bis die Körner aufplatzen.

Das restliche Sonnenblumenöl in die Pfanne geben. Die Reis-Hülsenfrüchte-Mischung auf den Gewürzen verteilen und abgedeckt bei geringer Hitze 20 Minuten garen.

Nach 20 Minuten den Gemüsekuchen wenden und abgedeckt weitere 10 Minuten braten. Heiß servieren.

हैंडवो

ROMA BHABHI'S

VEGETARIAN BIRYANI

Vegetarisches Biryani nach Cousine Roma

Biryani ist ursprünglich ein muslimisches Fleischgericht. Angeblich stammen die besten Rezepte dafür aus Hyderabad. Biryani ist ein reichhaltiges Gericht, dessen Zubereitung viel Geduld erfordert. Im Gegensatz zu vielen anderen Speisen isst man es selten in Kombination mit anderen Gerichten, sondern meist allein, allenfalls mit Raita, um die Aromen der Gewürze etwas abzumildern.

Für 4 Personen
Vorbereitung: 45 Min.
Garzeit: 35 Min.

300 g Basmatireis
Salz
3 TL gemahlener Kreuzkümmel
2 Zimtstangen
8 Gewürznelken
2 schwarze Kardamomkapseln
4 Lorbeerblätter
2 Sternanis
50 g junge Erbsen
50 g grüne Bohnen
¼ Weißkohl
1 Karotte
¼ Blumenkohl
1 Kartoffel
100 g Paneer (siehe Seite 40)
Sonnenblumenöl
10 Safranfäden
100 ml Milch
2 Zwiebeln
3 Tomaten
1 EL Ghee
4 grüne Kardamomkapseln
1 TL Knoblauch-Ingwer-Paste
1 TL rotes Chilipulver
1 TL gemahlene Kurkuma
1 TL Garam Masala nach Tante Satish (siehe Seite 25)

Den Reis dreimal waschen, dann 15 Minuten in einer Schüssel mit reichlich Wasser einweichen. Den Reis in ein Sieb abgießen und mit 2 l Salzwasser, gemahlenem Kreuzkümmel, Zimtstangen, der Hälfte der Gewürznelken, dem schwarzen Kardamom, den Lorbeerblättern und dem Sternanis in einen Topf geben und 8–10 Minuten köcheln lassen. Den Reis durch ein Sieb abgießen, dabei das Kochwasser auffangen.

In der Zwischenzeit das Gemüse waschen und putzen. Die grünen Bohnen halbieren, den Weißkohl in Streifen und die Karotte in Scheiben schneiden.

Wasser in einem Topf zum Kochen bringen und Erbsen, Bohnen und Weißkohl darin 5 Minuten blanchieren.

In der Zwischenzeit den Blumenkohl in Röschen zerteilen. Die Kartoffeln in kleine Würfel schneiden und den Paneer grob hacken. 1 EL Sonnenblumenöl in einer Pfanne erhitzen und Blumenkohlröschen und Kartoffelwürfel darin 5 Minuten braten. Das Gemüse zur Seite stellen.

Den Safran mit der Milch in eine kleine Schüssel geben und beiseite stellen. 1 Zwiebel abziehen und hacken. Die Tomaten waschen und in kleine Würfel schneiden.

Das Ghee in einer Pfanne zerlassen. 1 TL gemahlenen Kreuzkümmel, 1 Zimtstange, die restlichen Gewürznelken, 2 Lorbeerblätter, 2 Sternanis und den grünen Kardamom darin 2 Minuten unter Rühren rösten. Die Zwiebel zugeben und in 5 Minuten goldbraun braten. Tomatenwürfel und Knoblauch-Ingwer-Paste hinzufügen und alles unter Rühren 2 Minuten garen. Chilipulver, gemahlene Kurkuma, 1 TL Kreuzkümmel und Garam Masala zugeben und unter Rühren 1 Minute köcheln lassen.

शाकाहारी बिरयानी

100 g Joghurt
1 EL stichfeste Sahne (z. B. Schmand)
1 Handvoll Minzeblätter, gewaschen
2 Handvoll Cashewkerne

Die restliche Zwiebel schälen, in dünne Ringe schneiden und in einer Pfanne mit Öl knusprig braten. Zur Seite stellen. Die Safranmilch durch ein feines Sieb in eine Tasse abgießen. Safran und Milch zur Seite stellen.

Pfanne vom Herd nehmen und den Joghurt unterrühren. Wieder auf den Herd stellen und 1 Minute erwärmen, dann den Schmand zugeben und sorgfältig mit den Gewürzen vermischen.

Das Gemüse, ¼ Glas Kochwasser vom Reis und die Safranfäden zufügen. Vorsichtig vermengen, um das Gemüse nicht zu zerdrücken.

Das Biryani in einer großen Schüssel schichtweise anrichten: zuerst die Hälfte des Gemüses auf den Schüsselboden füllen, darauf ein Viertel vom Reis, die Hälfte der Safranmilch, der gebratenen Zwiebeln, der Minzblätter und ein weiteres Viertel vom Reis geben. In der gleichen Reihenfolge die restlichen Zutaten einschichten. Zum Garnieren mit Cashewkernen und den knusprigen Zwiebeln bestreuen. Sofort servieren.

BHAWNA'S
VEGETARIAN COCONUT CURRY

Vegetarisches Kokosnusscurry nach Bhawna

Für 4 Personen
Vorbereitung: 25 Min.
Garzeit: 40 Min.
Einweichzeit: 20 Min.
Wartezeit: 2 Std.

20 g Tamarindenmark
15 rote Perlzwiebeln
2 Knoblauchzehen
10 g frischer Ingwer
1 kleine grüne Chilischote
2 Tomaten
3 EL Kokosöl
½ TL Senfkörner
15 Curryblätter
1 EL gemahlener Koriander
½ TL gemahlene Kurkuma
1 EL rotes Chilipulver
¼ TL gemahlener schwarzer Pfeffer
¼ TL gemahlene Bockshornkleesamen
100 g Karotten
100 g Kartoffeln
100 g grüne Bohnen
100 g Okras
100 g Blumenkohl
Salz
200 ml Kokosmilch

Zum Servieren
Reis
Chapati nach Familienrezept (siehe Seite 168)

Das Tamarindenmark in einer Schüssel mit 200 ml Wasser verrühren. 20 Minuten zur Seite stellen, dann durch ein feines Sieb in eine Schüssel abgießen und die Flüssigkeit beiseite stellen.

Rote Perlzwiebeln, Knoblauch und Ingwer schälen. Die grüne Chilischote waschen, putzen und entkernen. Perlzwiebeln, Knoblauch, Ingwer und Chilischote hacken. Die Tomaten waschen und in kleine Würfel schneiden.

Das Kokosöl auf hoher Stufe in einer Pfanne erhitzen. Senfkörner und Curryblätter darin 2 Minuten rösten. Rote Perlzwiebeln, Knoblauch, Ingwer und grüne Chili zugeben und bei mittlerer Hitze 5 Minuten braten. Die Tomatenwürfel hinzufügen und 5 Minuten köcheln lassen.

Gemahlenen Koriander, gemahlene Kurkuma, Chilipulver, gemahlenen schwarzen Pfeffer und gemahlene Bockshornkleesamen in einer Schüssel mit 20 ml Wasser zu einer glatten Paste verrühren. Diese Paste in die Pfanne geben und 3 Minuten garen, bis das Curry goldbraun ist. Die Tamarindenflüssigkeit untermischen und alles 5 Minuten köcheln lassen.

In der Zwischenzeit das Gemüse waschen und putzen. Karotten und Kartoffeln schälen und in Scheiben schneiden. Grüne Bohnen und Okras jeweils in 3 Stücke zerschneiden. Den Blumenkohl in Röschen zerteilen.

Das Gemüse mit 1 Prise Salz in die Pfanne geben und 10 Minuten köcheln lassen. Die Kokosmilch zugießen und zum Kochen bringen. Abgedeckt weitere 10 Minuten köcheln lassen. Mit Salz abschmecken.

Pfanne vom Herd nehmen und Curry 2 Stunden stehen lassen. Dann wieder erhitzen und mit Reis oder Chapati servieren.

शाकाहारी नारियल करी

PAYAL'S

KATHAL

Jackfrucht in Sauce nach Payal

Für 4 Personen
Vorbereitung: 15 Min.
Garzeit: 50 Min.

500 g Jackfrucht
Sonnenblumenöl
2 Knoblauchzehen
20 g frischer Ingwer
2 Zwiebeln
2 Tomaten
1 Lorbeerblatt
1 Zimtstange
4 Gewürznelken
1 schwarze Kardamomkapsel
1 EL Koriandersamen
1 TL Kreuzkümmelsamen
1 TL rotes Chilipulver
1 TL gemahlene Kurkuma
1 Prise Salz
½ TL Garam Masala nach Tante Satish (siehe Seite 25)
1 TL Bockshornkleesamen

Zum Servieren
Reis
Chapati nach Familienrezept (siehe Seite 168)

Zum Schneiden der Jackfrucht die Hände und das Messer mit Öl einfetten. So bleibt die Frucht weder am Messer noch an der Haut kleben. Die Jackfrucht waschen, schälen, in 1 cm dicke Scheiben schneiden und diese vierteln.

4 EL Sonnenblumenöl auf mittlerer Stufe in einer Pfanne erhitzen. Die Jackfrucht darin in 5 Minuten braun braten. Herausnehmen und zur Seite stellen.

Den Knoblauch und die Hälfte des Ingwers schälen und fein hacken. Die Zwiebeln abziehen und fein hacken. Die Tomaten waschen und in Würfel schneiden. Den restlichen Ingwer schälen und im Mörser zerstoßen.

In der Pfanne, in der die Jackfrucht gebraten wurde, 2 EL Sonnenblumenöl erhitzen. Lorbeerblatt, Zimtstange, Gewürznelken und Kardamom darin 1 Minute rösten. Koriander und Kreuzkümmel hinzufügen und 2 Minuten mitbraten, bis die Koriandersamen platzen. Gehackten Knoblauch und gehackten Ingwer zugeben und in 2 Minuten braun braten. Die gehackten Zwiebeln untermischen und unter häufigem Rühren in 10 Minuten goldbraun braten. Die Tomaten zufügen und 5 Minuten köcheln lassen. Chilipulver, gemahlene Kurkuma und Salz einrühren und weitere 3 Minuten köcheln lassen. Den zerstoßenen Ingwer unterrühren und weitere 5 Minuten garen.

Jackfrucht, Garam Masala und Bockshornkleesamen in die Pfanne geben und weitere 10–15 Minuten köcheln lassen, bis die Jackfrucht gar ist. Heiß mit Reis oder Chapati servieren.

Tipp
Frische Jackfrucht ist in der Gemüseabteilung indischer Lebensmittelgeschäfte zu bekommen.

PAYAL'S

KULFI

Geeiste Mandel-Pistazien-Creme nach Payal

Kulfi ist ein außergewöhnliches Dessert, dessen Zubereitung viel Zeit in Anspruch nimmt. Es ähnelt einem Eis, ist aber viel kompakter und cremiger. Als wir Kinder waren, warteten wir abends sehnsüchtig auf den Kulfi-Verkäufer, der den großen Topf mit der köstlichen Süßigkeit auf dem Kopf trug. Wir mussten viel Überredungskunst aufbieten, damit unsere Eltern uns nicht vorher ins Bett schickten. Meistens hatten wir Erfolg …

Für 4 Personen
Vorbereitung: 15 Min.
Garzeit: 1 Std. 15 Min.
Einweichzeit: 2 Std.
Gefrierzeit: 12 Std.

1 große Handvoll Cashewkerne
1 Prise Safranfäden
1 l Vollmilch
3 grüne Kardamomkapseln
50 g Zucker

Zum Garnieren
1 Handvoll Pistazienkerne
1 Handvoll Mandelkerne

Die Cashewkerne in eine Schüssel mit Wasser geben und 2 Stunden einweichen. Dann durch ein Sieb abgießen und im Mixer zu einer glatten Paste verarbeiten. Den Safran in einer kleinen Schüssel mit 50 ml Milch übergießen. Pistazien und Mandeln grob hacken.

Die restliche Milch in einem Topf zum Kochen bringen. Die grünen Kardamomkapseln etwas zerdrücken und hinzufügen. 1 Stunde bei geringer Hitze und unter häufigem Rühren köcheln lassen, bis die Milch auf die Hälfte eingekocht ist. Darauf achten, dass die Milch nicht anbrennt!

Die pürierten Cashewkerne zufügen und gut untermischen. Den Zucker einrühren, bis er aufgelöst ist.

Den Safran durch ein feines Sieb abgießen, dabei die Milch auffangen und in den Topf geben. Etwa ¾ der Mandeln und Pistazien zufügen. Die Mischung weitere 10 Minuten köcheln lassen, bis sie noch mehr eindickt. Topf vom Herd nehmen und Masse auf Zimmertemperatur abkühlen lassen.

Die Masse in Kulfi-Förmchen gießen und 12 Stunden in die Gefriertruhe stellen.

Die Creme aus den Förmchen kurz vor dem Servieren auf Portionsteller stürzen und mit den restlichen Mandeln und Pistazien bestreuen.

कुल्फी

GLOSSAR

Asant • Hing • हींग

Asant, oder Hing auf Hindi, ist ein typisches Gewürz der indischen Küche, das neben Kreuzkümmel für viele Gerichte verwendet wird. Für europäische Nasen sind Geschmack und Geruch gewöhnungsbedürftig: Sie erinnern an Knoblauch und Schwefel, darum nennt man das Gewürz auch Stinkasant. Wörtlich übersetzt bedeutet der botanische Name »stinkendes Harz«. Es handelt sich bei dem Gewürz um den getrockneten, orangefarbenen Saft der Pflanze Ferula asafoetida, der zu Pulver verarbeitet wird. Das Gewürz wird oft zu Beginn der Zubereitung verwendet, weil sich sein stechender Geruch und Geschmack während des Kochens verliert. Ersatzweise können Knoblauchpulver und Zwiebelpulver eingesetzt werden, die wie Asant verdauungsfördernd wirken. Alternativ können Sie etwas Knoblauch, Zwiebel und Lauch fein reiben und wie Asant verwenden. Den Originalgeschmack liefert natürlich nur echter Asant.

Jaggery • Gur • गुड़

Jaggery, auch Gur genannt, ist ein unraffinierter Zucker, der aus dem geklärten und erhitzten Saft von Zuckerrohr oder Dattelpalmen gewonnen wird. Seine Farbe kann von hell- bis dunkelbraun reichen, und die Süßkraft variiert je nach Sorte. Im Gegensatz zu raffiniertem Zucker enthält Jaggery Mineralstoffe, außerdem verleiht er Saucen eine einzigartige Konsistenz. Wenn Sie keinen bekommen, können Sie ihn durch anderen Rohzucker ersetzen, beispielsweise Muscovado von der Insel Mauritius. Weil Jaggery aber in Form und Farbe sehr ansprechend ist, lohnt es sich, etwas beharrlicher nach schönen Blöcken zu suchen.

Kokum • Kokum • कोकम

Das bitter schmeckende Gewürz stammt von einem Baum, der an der Westküste Indiens zwischen Goa und Mumbai heimisch ist. Es besteht aus den getrockneten Schalen der Kokum-Früchte und wird gern für indische Getränke verwendet, beispielsweise für Solkhadhi (siehe Seite 140), das sehr gut zu den Fischcurrys passt, die an den Stränden der Region Konkan serviert werden. In der Küche kommt meist eine flüssige Zubereitung zum Einsatz, die Blätter dienen zur Dekoration. Ersatzweise können Sie Tamarindenpaste nehmen. Das Ergebnis fällt allerdings etwas anders aus, weil der Geschmack des Kokum einzigartig ist.

Reisflocken • *Poha* • पोहा

Als Poha werden Reisflocken bezeichnet, die als Grundlage für das gleichnamige Gericht sowie für verschiedene nordindische Speisen dienen. Dazu wird der Reis zunächst gedämpft, dann gewalzt, gepresst und getrocknet, sodass trockene Flocken entstehen. Es gibt die Flocken in verschiedenen Stärken, besonders begehrt sind die dünnsten Flocken, aber alle sind deutlich kleiner als Reiskörner. In Indien wird Poha oft leicht angebraten oder mit Milch zum Frühstück serviert. In manchen Gerichten ersetzen die Flocken den Reis, und sie dienen auch als Grundzutat für Dosa.

Geklärte Butter • Ghee • घी

Ghee oder geklärte Butter ist eine typisch indische Zutat, die in vielen Gerichten zum Einsatz kommt. Es hat einen kräftigen, nussigen Geschmack, der an braune Butter erinnert. Ghee enthält weniger Laktose als herkömmliche Butter und kann stärker erhitzt werden. Dadurch eignet es sich hervorragend zum Kochen, ist aber auch für Menschen mit Laktoseunverträglichkeit bekömmlicher. Wie Asant verleiht es indischen Gerichten ihren charakteristischen Geschmack.

Ajowan • Aijwan • अजवायन

Trotz der geringen Größe der Früchte gehört Ajowan zu den Gewürzen, die das Aroma eines Gerichtes leicht dominieren können. Er hat einen komplexen und ausgeprägten Geschmack, der an Oregano, Thymian und Sternanis erinnert. Er verleiht vielen Gerichten eine besondere Note, wegen seines ausgeprägten Charakters sollte er aber nur in Maßen verwendet werden. Ajowan ist in indischen Lebensmittelgeschäften erhältlich, Sie können ihn auch durch Sternanis und etwas Thymian ersetzen. Sein kräftiger Geschmack passt gut zu Tadkas, vegetarischen Gerichten oder Fischcurrys, kann aber auch europäischen Gerichten eine interessante exotische Note geben.

Kichererbsenbällchen • Boondi • **बूंदी**

Boondi sind kleine knusprige Kügelchen aus Kichererbsenmehl. Sie können als Snack gegessen werden, als Basis für Boondi-Raïta nach Usha (siehe Seite 39) dienen, über Salate gestreut oder in Currys verwendet werden. Wer keine Boondi im Handel findet, kann sie selbst herstellen. Dazu einen Schaumlöffel über einen Topf mit heißem Öl halten und mit Kichererbsenteig füllen. Die Masse tropft durch die Löcher ins Öl und bildet die knusprigen Kügelchen. Mit Sirup übergossen können Sie auch als Dessert serviert werden.

Weizengrieß • Sooji • **सूजी**

Sooji, das in Südindien auch Rowo genannt wird, ist ein Weizengrieß, mit dem in Indien vieler Gerichte zubereitet werden. Er ist oft heller als der im Mittelmeerraum gängige Grieß und kann als knusprige Panade, für Halwas oder auch für vegetarische Bällchen verwendet werden. Ähnlich wie Boondi ist er vielfältig einsetzbar und zeigt die Kreativität der indischen Küche. Je nach Rezept kann er durch anderen feinen oder mittelgroben Grieß ersetzt werden.

Granatapfelpulver • Anardana • **अनारदाना**

Getrocknete, zu Pulver gemahlene Granatapfelkerne verleihen Gerichten einen bittersüßen Geschmack. Besonders beliebt bei den Indern sind Daru-Granatäpfel, die aus dem südlichen Himalaya stammen. Das Pulver kann wie Mangopulver verwendet werden, eignet sich aber auch als Ersatz für Tamarinde oder Kokum als Säuerungsmittel. Sie können Granatapfelpulver über Raïtas und andere Zubereitungen streuen. Wenn kein Granatapfel- oder Mangopulver erhältlich ist, nehmen Sie Limettensaft.

Mangopulver • Amchur • **अमचूर**

Pulver aus getrockneter Mango ist, ebenso wie Asant, ein Geheimtipp für indische Gerichte mit authentischem Geschmack. Wie Granatapfelpulver eignet es sich, um Speisen zu säuern, ohne ihnen Flüssigkeit (wie Zitronensaft) zuzusetzen. Zudem hat es einen sehr charakteristischen Geschmack. Auch in Marinaden oder in Gewürzmischungen macht es sich gut, sollte allerdings sparsam eingesetzt werden. Richtig dosiert und verwendet, ist Mangopulver ein großartiges Gewürz.

Bittergurke • Karela • **करेला**

Als eine der bittersten essbaren Früchte der Welt ist die Bittergurke bei Europäern eher unbekannt und nicht sehr attraktiv. In der vegetarischen Küche findet sie jedoch wegen ihres einzigartigen Geschmacks und ihres Nährstoffgehalts oftmals Verwendung. Vor allem Chips aus Bittergurke sind einfach zuzubereiten und eine ungewöhnliche Überraschung gerade für Gäste, die auf ihren Cholesterinspiegel achten müssen. So verbirgt sich unter der rauen Schale doch ein köstlicher Kern.

Gewürzmischung • Masala • **मसाला**

Masalas sind die Seele der indischen Küche. Diese Gewürzmischungen machen aus dem einfachsten Gericht eine Delikatesse, wenn man sich nur die Zeit nimmt, seine eigenen Kreationen herzustellen. Diese Gewürzmischungen sind in Indien so wichtig, dass es dafür eine eigene Metallbox mit mehreren kleinen Schüsseln gibt, die Masala Dabba. Sie schmückt fast jede indische Küche, und so sind immer mehrere Masalas zur Hand. Jede Familie hat ihre eigenen Rezepte und Gewürzkombinationen. Die Vielfalt der indischen Küche beruht nicht zuletzt auf den Masalas, mit denen jeder Koch seinen Gerichten die individuelle Note verleiht.

Hülsenfrüchte • dal • **दाल**

Über die Auswahl von Hülsenfrüchten, die man in indischen Lebensmittelgeschäften findet, können Europäer nur staunen. Meist handelt es sich um Linsen, Bohnen und Erbsen. Moong Dal beispielsweise werden aus der Mungbohne gewonnen, deren grüne Haut einen gelben Samen mit sehr süßem Geschmack verbirgt. Sie eignen sich hervorragend für wärmende Gerichte und Desserts. Toor Dal haben eine ähnliche gelbe Farbe und einen leicht nussigen Geschmack. Im Gegensatz zu den Moong Dal handelt es sich jedoch um Straucherbsen. Die erdiger schmeckenden und leicht schleimigen Urod Dal sind Urdbohnen, bei Lobia Dal handelt es ich um Schwarzaugenbohnen. Chona Dal sind geschälte gelbe Kichererbsen, die einen milden Geschmack haben, während die dunkleren Black Chono Dal ungeschält und darum eher bräunlich sind. In vielen Gerichten lassen sich die verwendeten Hülsenfrüchte durch andere Sorten ersetzen: rote Linsen statt Toor Dal, Moong Dal oder Chana Dal, schwarze Linsen anstelle von Urod Dal, dicke Bohnen statt Lobia Dal und auch gelbe und dunkle Kichererbsen sind austauschbar. Natürlich sind dabei Unterschiede in Geschmack und Konsistenz spürbar.

Basmatireis • Basmati chawal • **बासमती चावल**

Basmatireis ist aus der indischen Küche nicht wegzudenken. Er gilt als der aromatischste Reis der Welt, wird von vielen Dichtern des Landes gefeiert und spielt in der indischen Kochkultur eine zentrale Rolle. Die Art und Weise, wie er zubereitet wird, wird von Generation zu Generation weitergegeben und in den Familien geheim gehalten. Keine Familie vergisst jedoch, den Reis vor dem Kochen dreimal zu waschen. Diese einfache Maßnahme verleiht dem Reis eine einzigartige weiche Konsistenz, die seinem zarten Geschmack gerecht wird.

REGISTER

DANK

Für die Fotohintergründe vielen Dank an Mathilde Barbier von Bureau 110. Die Farben stammen von Little Green (@littlegreen).

Die traditionellen Dekorationen hat Christophe Prébois (@guruscomptoir) in indischen Fotostudios aufgestöbert

Für die Acessoires danke ich Catherine Lévy (@dorette.jewels), Sigoléne Prébois (@tsé_tsé.associées), La boutique Rivières (@rivieres_official), Régis de chez Knoblauchleurs Paris (@Knoblauchleursparis), Catherine de Chabaneix (@chabacat), Marion Graux (@mariongrauxpoterie), Stéphanie de Saint Simon (@desiroad), Usha Bora (@jaminidesign), Karène Koudoyor und Dominique Assenat.

Vielen Dank an meine helfenden Hände in der Küche für ihre großartige Unterstützung: Harman, Manvi Arora und Rodolphe Leroy.

Vielen Dank auch an die Freundinnen und Freunde, die so nett für die Fotos posiert haben: Maïmouna Diabira, Yasmine Mbelizi, Kevin Daman und die beringten Hände von Catherine Lévy.

Besonderer Dank gebührt außerdem Jean-Louis Gonnet, Manon Savary und Benoit Gelez.